全国公安机关首届实战教官比武2011武汉

全国公安机关第二届实战教官比武2015深圳

应邀赴西班牙国王护卫队及警训联盟指导交流与当地警届最高长官及政要

与BRICPOL世界联合会主席
圣地亚哥·邦戈西班牙

与香港高级督察(原飞虎队员)
邓子良

全国比武后 受到时任副省长、公安厅长刘杰同志亲切接见

应邀前往各地讲学

为全省新录用民警授课中

带领警务实战特勤队参加山西省公安机关比武活动

山西警武门搏技学苑散打队合影

伸缩短棍实战技法

赵华 著

人民体育出版社

前　言

作为一名警务实战教官，我从事警察职业训练工作将近15年了。十几年里见证了我国公安机关从全警大练兵到三基（抓基层、打基础、苦练基本功）工程再到武器警械大轮训等民警实战训练活动的开展。期间，民警佩带、使用和训练的警械不断推陈出新，唯有公安部从2006年开始向全国统一配发的"单警装备"一直沿用至今。其中"伸缩短棍"作为必配警械已经过多年的实战、实践考验，成为了一线民警较为认可、使用率较高的警械之一。但是，迄今为止，还没有看到一本较为全面、系统的"伸缩短棍"使用方法指南或者实战应用教程。

本人从事警务实战训练工作十余载，曾经应邀前往西班牙参与执裁BRICPOL世界联合会的比武活动，就"伸缩短棍"比武项目与西班牙警方的实战教官进行了深度交流并在2012年代表山西省公安厅进行全省送教活动，期间承担了"伸缩短棍"实战应用部分的教学、训练任务。在与一线战友进行教与学的互动及探讨后，更加深刻地认识到掌握伸缩短棍的基本技能、熟悉伸缩短棍的应用策略是一线警务实战"克敌制胜"的关键所在。

于是，在送教活动结束后，就开始着手研究"伸缩短棍"

在警务实战以及日常健身、防身活动中的使用方法及实战应用技能、战法。通过几年的一线调查研究、模拟实战以及警务实训活动，从基础操作到实战应用方法逐步建立起了一套完整的教学、训练体系。应广大一线战友及"伸缩短棍"爱好者的要求，于2015年开始了本书的写作。

"伸缩短棍"是一种可用于防御、攻击、驱逐、控制的可伸缩棍式器械，由于其便于携带、技法简单易学、使用效果显著，被人们普遍用于健身、防身及军队、警队的执法活动中，还被列为我国公安机关人民警察"单警装备"中的必配警械。

本书根据"伸缩短棍"的使用特点，以劈、撩、戳、砸、扫、挡、别、控为主要技术，将其实战技法分别从基础、攻击、防御、控制四个方面结合实战应用进行了系统的梳理和总结，并从基础知识、基本技能、应用战法有针对性地进行了阐述及示范。本书不仅图文并茂，还配有视频教学光盘，更为直观、全面地介绍了在执法活动或现实生活中佩带"伸缩短棍"的基本使用技能以及应对各种不法伤害和攻击（如徒手、棍棒、匕首、刀斧等）时的防御及处置方法。此外，还特别精选了部分具有代表性的技术，整合、创编了一套贴近实战、较为实用的"伸缩短棍攻防套路"，希望能够给广大民警以及普通民众提供有益参考。

本书在创作过程中，得到国内各地警界战友的关注和支持，书中配图及视频的拍摄制作得到了"山西警察学院""山西警武门搏技学苑"学员们的倾力协助，在此一并向大家表示衷心的感谢。

目 录

第一章　伸缩短棍概述 …………………………（1）

　第一节　伸缩短棍种类与维修保养 ………（1）
　　一、伸缩短棍的种类 …………………（1）
　　二、伸缩短棍维护与保养 ……………（3）
　第二节　伸缩短棍的佩带方法 ……………（4）
　　一、腰部左侧佩带方法 ………………（4）
　　二、腰部右侧佩带方法 ………………（5）
　　三、其他佩带方法 ……………………（5）
　第三节　伸缩短棍的出棍方法 ……………（6）
　　一、常规出棍方法 ……………………（6）
　　二、紧急出棍方法 ……………………（8）
　第四节　伸缩短棍持握方法 ………………（11）
　　一、单手持握方法 ……………………（11）
　　二、双手持握方法 ……………………（13）
　第五节　伸缩短棍的开棍及收棍方法 ……（15）
　　一、威慑开棍 …………………………（15）

二、戒备开棍 …………………………………（16）

　　三、防反开棍 …………………………………（16）

　　四、应激开棍 …………………………………（17）

　　五、收棍方法 …………………………………（19）

第六节　伸缩短棍的实战戒备姿势…………（19）

　　一、扶棍戒备 …………………………………（20）

　　二、持棍戒备 …………………………………（20）

第七节　伸缩短棍的实战步法………………（26）

　　一、滑步 ………………………………………（26）

　　二、跨步 ………………………………………（29）

第二章　伸缩短棍的攻击技术 ……………（31）

第一节　单手持棍攻击技术…………………（32）

　　一、劈击 ………………………………………（32）

　　二、戳击 ………………………………………（35）

　　三、挑击 ………………………………………（37）

　　四、撩击 ………………………………………（38）

　　五、扫击 ………………………………………（38）

　　六、砸击 ………………………………………（40）

第二节　双手持棍攻击技术…………………（41）

　　一、推击 ………………………………………（41）

　　二、戳击 ………………………………………（42）

　　三、横击 ………………………………………（44）

四、盖打 …………………………（45）

　　五、下劈 …………………………（45）

　　六、撩击 …………………………（46）

　　七、缠头劈击 ……………………（48）

第三章　伸缩短棍的防御技术 ………（49）

　第一节　徒手配合防御技术…………（49）

　　一、单臂格挡 ……………………（49）

　　二、叠肘 …………………………（51）

　　三、单臂搂抓 ……………………（53）

　　四、单臂拍挡 ……………………（53）

　　五、单臂抄抱 ……………………（54）

　　六、单臂推挡 ……………………（55）

　　七、闪躲 …………………………（55）

　第二节　单手持棍的防御技术………（57）

　　一、双臂格挡 ……………………（57）

　　二、棍臂格挡 ……………………（58）

　　三、棍臂架挡 ……………………（58）

　　四、戳挡 …………………………（59）

　　五、拨挡 …………………………（60）

　　六、挂挡 …………………………（61）

　第三节　双手持棍的防御技术………（62）

　　一、上格挡 ………………………（62）

二、左格挡 …………………………………（ 63 ）

三、右格挡 …………………………………（ 63 ）

四、下格挡 …………………………………（ 64 ）

第四章　伸缩短棍的控制技术 ……………（ 65 ）

第一节　双手持棍的控制技术 ……………（ 65 ）

一、徒手跪压辅助控制 ……………………（ 65 ）

二、腕部控制 ………………………………（ 66 ）

三、颈部控制 ………………………………（ 68 ）

四、腰部控制 ………………………………（ 72 ）

第二节　单手持棍的控制技术 ……………（ 73 ）

一、压点控制 ………………………………（ 73 ）

二、别臂控制 ………………………………（ 81 ）

第五章　伸缩短棍被控制解脱技术 …………（ 86 ）

第一节　伸缩短棍被抓扯的解脱技术 ………（ 86 ）

一、短棍前段被单手抓握的解脱技术 …（ 86 ）

二、短棍前端被双手抓握的解脱技术 …（ 90 ）

三、短棍中段被抓握的解脱技术 ………（ 93 ）

第二节　头颈部位被控制的解脱技术 ………（102）

一、颈部被由前锁控的解脱技术 ………（102）

二、颈部被由后锁控的解脱技术 ………（111）

第三节　腕臂部位被控制的解脱技术……（117）
　　一、未持棍手腕被抓握的解脱技术……（117）
　　二、持棍手腕被抓握的解脱技术………（122）
　　三、持棍手臂被抓的解脱技术…………（128）
第四节　胸部被抓扯的解脱技术……………（131）
　　一、劈击解脱……………………………（131）
　　二、拉肘解脱……………………………（132）
　　三、拉肘劈击……………………………（133）
　　四、切腕砸击……………………………（134）
　　五、切腕戳胸……………………………（136）
　　六、箍腕控制……………………………（137）
　　七、箍腕跪压……………………………（138）
第五节　腰部被控制的解脱技术……………（140）
　　一、被由前抱腰控制的解脱技术………（140）
　　二、被由后抱腰控制的解脱技术………（143）
　　三、被对方骑压控制的解脱技术………（146）

第六章　伸缩短棍的实战应用………………（150）
第一节　伸缩短棍应对突然袭击……………（152）
　　一、格撞戒备……………………………（152）
　　二、顶摔戒备……………………………（153）
　　三、下潜推击……………………………（154）

四、戳扫连击……………………………（156）

第二节　伸缩短棍应对徒手攻击……………（158）

　　一、应对上肢直线攻击………………………（158）

　　二、应对上肢横向攻击………………………（169）

　　三、应对下肢直线攻击………………………（180）

　　四、应对下肢横向攻击………………………（187）

第三节　伸缩短棍应对长棍类器械攻击……（192）

　　一、格挡弹踢，夺棍劈击……………………（192）

　　二、格挡弹踢，连续推击……………………（193）

　　三、格挡防御，下劈横击……………………（194）

　　四、格挡防御，戳劈连击……………………（195）

　　五、格挡防御，缠头劈击……………………（196）

　　六、格挡防御，左右劈击……………………（197）

第四节　伸缩短棍应对直刺类锋刃器械攻击

　　………………………………………………（199）

　　一、闪身防御，连续劈击……………………（199）

　　二、棍臂格挡，正手下劈……………………（200）

　　三、格挡防御，戳劈连击……………………（201）

　　四、戳击防御，正手下劈……………………（203）

　　五、拨挡防御，闪身劈击……………………（204）

　　六、挂挡防御，转身劈击……………………（206）

　　七、防御格挡，正手下劈……………………（207）

　　八、防御格挡，戳劈连击……………………（208）

第五节　伸缩短棍应对劈砍类器械攻击……（209）

　　一、格挡防御，正反劈击 ………………（209）

　　二、搂抓劈击，挑肘别摔 ………………（211）

　　三、格挡防御，卷肘控制 ………………（212）

　　四、闪身防御，腕臂劈击 ………………（213）

　　五、棍臂格挡，撤步劈腕 ………………（215）

　　六、防御格挡，闪身劈击 ………………（216）

　　七、棍臂格挡，劈击锁喉 ………………（217）

　　八、双臂格挡，搂抓抹脖 ………………（218）

　　九、双臂格挡，切别摔控 ………………（220）

第七章　伸缩短棍组合套路 ……………（222）

第一节　伸缩短棍基本技术 ………………（222）

　　一、腕花 ……………………………………（222）

　　二、撩花 ……………………………………（225）

　　三、背花 ……………………………………（227）

　　四、抛接 ……………………………………（230）

　　五、滚腕 ……………………………………（231）

　　六、倒把 ……………………………………（232）

第二节　伸缩短棍组合套路及实战应用……（234）

第一章　伸缩短棍概述

第一节　伸缩短棍种类与维修保养

伸缩短棍是短棍的一种，因大部分伸缩短棍的开棍方式均为用力甩出，故又名"甩棍"，是用于防御、攻击、驱逐、控制的棍式器械。由于其携带方便，简单实用，所以被普遍用于民众防身及军警执法，我国也将伸缩短棍列为人民警察必配的警械之一。

一、伸缩短棍的种类

目前，伸缩短棍主要有钢卡式、磁吸式、自弹式和机械闭锁式四种。前三种伸缩短棍都属于摩擦闭锁式，打开时依靠摩擦力锁定。而机械闭锁式则是依靠连接部分的卡簧来完成闭锁，收棍时按住尾部的按钮即可轻松收回。由于使用耐受性以及价格等影响，近些年国内使用较为普及的是钢卡式伸缩短棍。但随着人们对品质要求的不断提高，机械式伸缩短棍也逐步被人们接受，市场占有率不断增高，而磁吸式伸缩短棍及自弹式伸缩短棍由于自身的功能存在缺陷，正被逐步淘汰。本书就"钢卡式"伸缩短棍及"机械式"伸缩短棍做简要介绍。

1. 钢卡式伸缩短棍

钢卡式伸缩短棍展开时依靠节与节联结部位之间的摩擦力进行锁定。在短棍的尾部，尾帽和手柄之间有一个钢卡，由一个圆形底托和两个簧片组成。在收缩状态下，钢卡的两个簧片会撑在最细一节的内壁，使棍节不会自己滑出。钢卡式的优点在于可以通过调整钢卡簧片外张的角度来改变短棍甩出时的阻力，而且钢卡可以很方便地更换。其结构也较为简单，一般由握柄、中管、前管、棍头、钢卡、尾盖几部分组成（图1-1）。

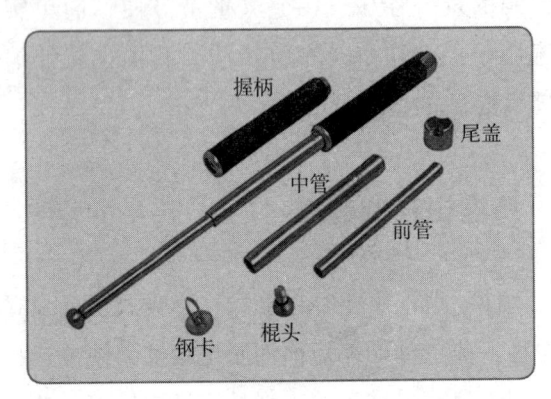

图1-1

2. 机械闭锁式伸缩短棍

机械闭锁式伸缩短棍是依靠连接部分的卡簧来完成闭锁的，收棍时按住尾部的按钮即可轻松收回。目前，国内开发研制较为先进的是CASP机械伸缩短棍。CASP伸缩短棍材质有纯钛合金、钢钛铝、钢钢铝或铝铝铝，钢钛铝因为头重尾轻，在攻击时可以节省使用者力量，发挥最大力度，而且重量适中，所以攻击力也最强。机械闭锁式伸缩短棍的优点有二：一是锁定牢固，伸展状态下可以承受很大的垂直作用力而不会缩回；二是收棍方便快捷。由于短棍连接部分不太紧密，所以节与节之间会有轻微的晃动，但不影响正常使用。机械伸缩短棍由34个组件构成，详细请参考图1-2。

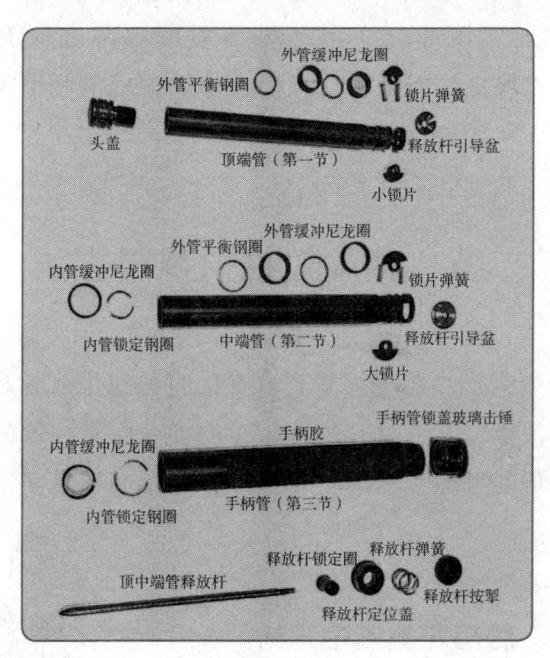

图1-2

二、伸缩短棍维护与保养

如同人体或汽车一样，伸缩短棍也需要定期进行保养。

不使用时要保持棍身清洁干燥。不要长期放在棍套里，不要放在潮湿的环境中。要定期拆开擦拭，除了最细一节的内壁可以用棉棒蘸少量机油擦拭以外，其他地方最好不要用油，以免影响甩出后锁定效果。

不要用伸缩短棍暴力敲击硬物，不要把短棍当撬杆用，长期暴力使用会导致棍身变形或折断。

每次使用后要检查一下节与节之间的连接部分，如果发现连接部分变形，甩出后节与节之间有松动，要尽快更换新棍子，以免在使用中棍节脱出，发生危险。

第二节　伸缩短棍的佩带方法

一般我们会将伸缩短棍放在随身的包里或者装在棍套里系于腰上，也有直接将短棍插在腰带内侧的。从实战角度考虑，建议将短棍佩带于腰间体侧便于拿放的位置。

一、腰部左侧佩带方法

1. 裸棍佩带方法

将伸缩短棍斜向插在身体左侧的腰带内侧，握柄向上，棍头向下（图1-3）。

图1-3

2. 标准佩带方法

伸缩短棍插于棍套内，将棍套竖直或者前倾固定在身体左侧的腰带上，握柄向上，棍头向下（图1-4）。

二、腰部右侧佩带方法

1. 裸棍佩带方法

将伸缩短棍斜向插在身体右侧的腰带内侧，握柄向上，棍头向上（图1-5）。

2. 标准佩带方法

伸缩短棍插于棍套内，将棍套竖直或者前倾固定在身体右侧的腰带上，握柄向下、棍头向上（图1-6）。

三、其他携带方法

在日常生活中，普通民众携带伸缩短棍用于防身，一般不会携带在比较明显的位置，包括民警在执行一些特殊任务时也不宜将伸缩短棍暴露在外，所

图1-4

图1-5

图1-6

以，大家也可以把伸缩短棍放置于随身携带的背包、挎包内，或者直接装在衣兜、衣袋等其他一些较为隐蔽的随身装备里。

第三节　伸缩短棍的出棍方法

一、常规出棍方法

1. 左侧裸棍常规出棍方法

右手直接抓握短棍握柄，用力向上拔出（图1-7～图1-9）。

图1-7　　　　图1-8　　　　图1-9

2. 左侧标准常规出棍方法

左手扶按棍套，并适度将短棍上部向前拧转，右手直接抓握短棍握柄，用力向上拔出（图1-10～图1-12）。

图1-10　　　　　图1-11　　　　　图1-12

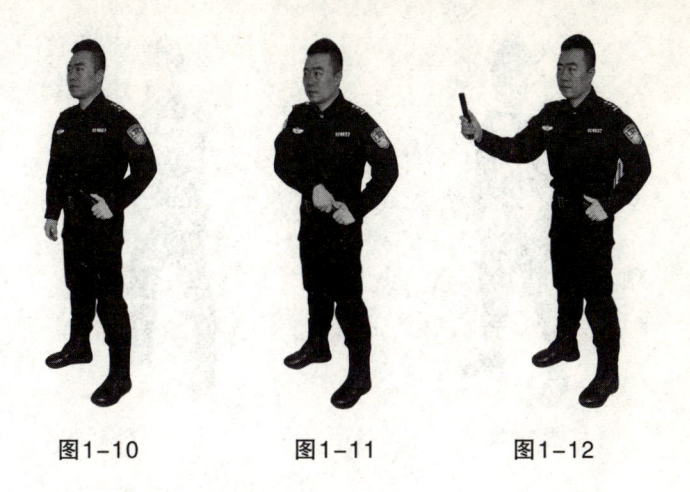

3. 右侧佩带常规出棍方法

右侧裸棍佩带出棍方法与右侧标准佩带的常规出棍方法相同。右手拇指与食指拿捏短棍的棍头一端，前臂上抬将短棍提拿出来，顺势握牢握柄中段（图1-13~图1-16）。

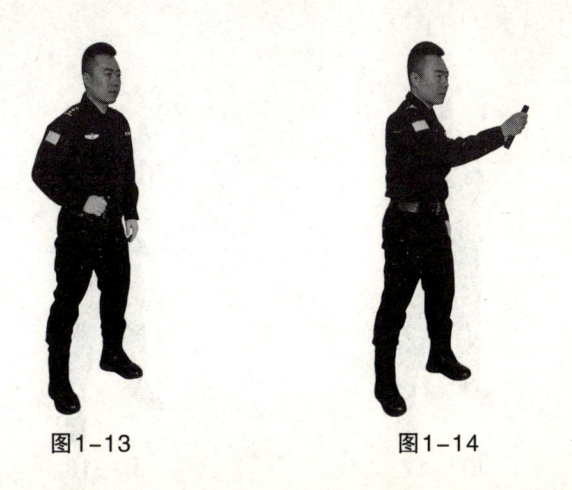

图1-13　　　　　图1-14

图1-15    图1-16

二、紧急出棍方法

1. 左侧裸棍出棍方法

右手快速抓握携带在左侧的握柄,用力向上向前拔出并向前挥动至上臂和前臂伸直,棍头指向前方(图1-17、图1-18)。

图1-17    图1-18

2. 左侧标准出棍方法

左手扶按棍套，右手抓握握柄，上体前倾，两膝微蹲；左手将棍套向前拧转使棍体呈倾斜状，右手将短棍向上向前拔出并向前挥动至上臂和前臂伸直，棍头指向前方（图1-19、图1-20）。

图1-19

图1-20

3. 右侧裸棍出棍方法

右手拇指与食指拿捏短棍的棍头一端，前臂上抬将短棍提拿出来，顺势握牢握把中段，然后握棍快速向前伸直（图1-21、图1-22）。

图1-21 　　　　　　　图1-22

4. 右侧标准出棍方法

右手扶按棍套,将棍套拧转,使短棍棍头向前上方,同时右手拇指与食指拿捏短棍的棍头一端,将短棍向前提拿出来,顺势握牢握把中段并快速向前伸直(图1-23、图1-24)。

图1-23 　　　　　　　图1-24

第四节　伸缩短棍持握方法

伸缩短棍的功能特点和攻击技能决定了伸缩短棍的不同持握方法。在未开棍单手持握状态下，正手持握主要用于戳击、锁控、开棍准备等；反手持握主要用于戳击、挂挡、锁控等。在开棍单手持握状态下，正手持握主要用于攻击、防御、锁控等；反手持握主要用于攻击及锁控技术。在未开棍状态下，双手一端持握主要用于戳击、隐藏式戒备等。在开棍状态下，双手一端持握主要用于攻击、防御、解脱等；双手两端持握主要用于防御、攻击、锁控等（本书均以右手为主持握手进行介绍）。

一、单手持握方法

1. 未开棍单手持握方法

①正手持握方法：棍头向上，单手持握握柄的中下部位（图1-25）。

②反手持握方法：棍头向下，单手持握握柄的中上部位（图1-26）。

图1-25

图1-26

2.开棍单手持握方法

①正手持握方法：棍头向上，单手持握握柄的中下部位（图1-27）。

②反手持握方法：棍头向下，单手持握握柄的中上部位（图1-28）。

图1-27

图1-28

二、双手持握方法

1. 未开棍双手持握方法

①正手隐藏持握方法：在未开棍的前提下，正手单手持握后，置于腹前，左手搭握右手手腕，将棍体隐藏于两手之内（图1-29、图1-30）。

图1-29

图1-30

②反手隐藏持握方法：在未开棍的前提下，反手单手持握棍柄，置于左胸前，左手抓握右手肘关节，将棍体隐藏于左臂腋下（图1-31、图1-32）。

图1-31 　　　　　　　图1-32

2. 开棍双手持握方法

①一端持握方法：双手正手持握握柄及中管（图1-33）。

②两端正手持握方法：双手正手持握握柄及前管（图1-34）。

③两端正、反手持握方法：左手反手持握短棍尾管，右手正手持握握柄（图1-35）。

图1-33 　　　　图1-34 　　　　图1-35

第五节 伸缩短棍的开棍及收棍方法

一、威慑开棍

威慑开棍旨在通过大幅度的动作给对方以震慑，也可以配合相关的警告或者劝诫的语言，达到最佳效果。手握握柄，棍头向上，肘关节上抬，前臂快速向斜上方挥动，在手臂伸直的瞬间，右手向外加速扣腕，完成开棍（图1-36、图1-37）。前臂上甩及扣腕的速度越快，棍体的连接处锁定也就越牢固。

图1-36

图1-37

二、戒备开棍

右手握握柄，棍头向上，右臂快速向右后下方挥动，在手臂伸直的瞬间，手向外加速扣腕，完成开棍（图1-38、图1-39）。前臂下甩，扣腕的速度越快，棍体连接处的锁定就越牢固。

图1-38　　　　　图1-39

三、防反开棍

防反开棍主要用于遭遇突然袭击时的快速反击、控制距离并形成戒备。右手握握柄，棍头向前，肘关节贴靠身体，快速向前伸直手臂，然后上臂与前臂折叠回收并快速向右下方挥动，在手臂伸直的瞬间，手腕向外扣腕，完成开棍（图1-40~图1-42）。前臂下甩，扣腕的速度越快，棍体连接处的锁定就越牢固。

图1-40　　　　　图1-41　　　　　图1-42

四、应激开棍

1. 速退出棍

当遭遇紧急情形时,迅速转身跑开;同时,将短棍取出并打开,然后迅速转身观察并形成戒备(图1-43、图1-44)。

图1-43

图1-44

2. 推挡出棍

当遭遇对方的突然攻击来不及躲避时，双臂上抬，左臂形成格挡，右臂向前横向撞击，然后，快速后撤，扩大距离并出棍形成戒备（图1-45～图1-47）。

图1-45　　　　图1-46　　　　图1-47

3. 顶摔出棍

当遭遇对方的突然攻击来不及躲避时，快速下潜并搂抱对方双腿，配合肩膀前顶的力量将对方摔倒，然后迅速后撤并出棍，形成戒备（图1-48～图1-50）。

图1-48　　　　图1-49　　　　图1-50

五、收棍方法

相对于机械式伸缩短棍的一键收棍来说，钢卡闭锁式伸缩短棍的收棍动作需要一定的技巧。首先要选择坚硬平坦的地面。

在收棍的过程中，注意棍身与地面尽可能垂直，如果棍身偏斜会导致棍头滑向一边，棍体有可能会无法解锁，同时也容易造成棍头表面划伤。为了使棍身保持垂直，可以选择在台阶上收棍。

收棍时应突然发力，而且力道要足。

另外，收棍时要注意观察周边情况，以避免在低头收棍时再次被袭击（图1-51）。

图1-51

图1-51附图

第六节 伸缩短棍的实战戒备姿势

戒备姿势是进入对抗之前所做的准备动作，它贯穿于整个搏斗过程中。在伸缩短棍实战中，不同的环境不同情况所采用的戒备姿势也各不相同。

一、扶棍戒备

两脚前后自然开立，两膝微屈稍内扣，重心落于两腿中间，身体45°侧向前方，右肘自然下垂，贴于肋部，右手扶于短棍上，也可以用拇指与食指夹握短棍，左臂前伸，上臂和前臂折叠角度大于90°，左手自然张开，掌心向下，含胸收腹，下颌微收，目视前方（图1-52）。

图1-52    图1-52附图

二、持棍戒备

1. 隐蔽戒备

（1）正手隐蔽戒备

两脚前后自然开立，两膝微屈稍内扣，重心落于两腿中间，身体45°侧向前方，在未开棍状态下，右手持握短

棍，左手搭于右手腕上，双手置于腹前，含胸收腹，下颌微收，目视前方（图1-53）。

图1-53 　　　　　图1-53附图

（2）反手隐蔽戒备

两脚前后自然开立，两膝微屈稍内扣，重心落于两腿中间，身体45°侧向前方，在短棍未开棍状态下，右手反手持握短棍，右臂在下，双臂搂抱，置于胸前，含胸收腹，下颌微收，目视前方（图1-54）。

图1-54 　　　　　图1-54附图

2. 突袭戒备

两脚前后自然开立，两膝微屈稍内扣，重心落于两腿中间，身体45°侧向前方，在开棍状态下，左臂前伸，上臂和前臂折叠角度大于90°，左手自然张开，掌心向下，右手持棍，置于体侧或腿后含胸收腹，下颌微收，目视前方（图1-55）。

图1-55　　　　　图1-55附图

3. 防御戒备

（1）单手防御戒备

两脚前后自然开立，两膝微屈稍内扣，重心落于两腿中间，身体45°侧向前方，在开棍状态下，左臂前伸，上臂和前臂折叠角度大于90°，左手自然张开，掌心向下，右臂贴于体侧，右手持棍，竖直置于右胸前，含胸收腹，下颌微收，目视前方（图1-56）。

第一章　伸缩短棍概述

图1-56

图1-56附图

（2）双手防御戒备

①反击戒备：在开棍状态下，两脚前后自然开立，两膝微屈稍内扣，重心落于两腿中间，身体45°侧向前方，双臂贴于体侧，双手正、反抓握短棍两端，置于腹前，含胸收腹，下颌微收，目视前方（图1-57）。

图1-57

图1-57附图

23

②格挡戒备：在开棍状态下，两脚前后自然开立，两膝微屈稍内扣，重心落于两腿中间，身体45°侧向前方，双臂贴于体侧，双手正手抓握短棍两端，置于腹前，含胸收腹，下颌微收，目视前方（图1-58）。

图1-58

图1-58附图

4. 攻击戒备

两脚前后自然开立，两膝微屈稍内扣，重心落于两腿中间，身体45°侧向前方，在开棍状态下，左臂前伸，上臂和前臂折叠角度大于90°，左手自然张开，掌心向下，右手持棍置于右肩上方，右肘自然贴靠身体，含胸收腹，目视前方（图1-59）。

第一章 伸缩短棍概述

图1-59 　　　　　图1-59附图

5. 反手戒备

两脚前后自然开立，两膝微屈稍内扣，重心落于两腿中间，身体45°侧向前方，在开棍状态下，右手持棍，将右手置于左臂腋下，左手置于胸前，自然摆放，两臂自然贴靠身体，含胸收腹，下颌微收，目视前方（图1-60）。

图1-60 　　　　　图1-60附图

25

第七节　伸缩短棍的实战步法

在伸缩短棍使用技术中，步法的移动与技术动作的配合尤为重要，通过合理的步法移动，不仅能确保身体重心的稳定，还能调整攻防的距离。伸缩短棍的实战常用步法有滑步、跨步、上步、撤步、插步等。

一、滑步

1. 向前滑步

在戒备姿势的基础上，右脚蹬地发力，左脚向前跨出一步，右脚迅速以同样步幅向前跟进并恢复戒备姿势（图1-61～图1-63）。

图1-61　　　　图1-62　　　　图1-63

2. 向后滑步

在戒备姿势的基础上，左脚向后蹬地发力，右脚向后撤回一步，左脚迅速以同样步幅后退一步并恢复戒备姿势（图1-64～图1-66）。

图1-64

图1-65

图1-66

3. 向左滑步

在戒备姿势的基础上，右脚向左侧蹬地发力，左脚向左侧跨出一步，右脚迅速以同样步幅跟进一步并恢复戒备姿势（图1-67～图1-69）。

图1-67　　　　　图1-68　　　　　图1-69

4. 向右滑步

在戒备姿势的基础上，左脚向右蹬地发力，右脚向右侧跨出一步，左脚迅速以同样步幅跟进一步并恢复戒备姿势（图1-70～图1-72）。

图1-70　　　　　图1-71　　　　　图1-72

二、跨步

1. 上步

在戒备姿势的基础上，右脚向前迈出一步，成反架戒备姿势（图1-73、图1-74）。

图1-73

图1-74

2. 撤步

在反架戒备姿势的基础上，右脚向后方撤一步，成正架戒备姿势（图1-75、图1-76）。

图1-75

图1-76

3. 插步

在戒备姿势的基础上，右脚向左脚侧后方横跨一步，左脚向同一方向以同样步幅快速横向移动一步并恢复戒备姿势（图1-77～图1-79）。

图1-77　　　　　图1-78　　　　　图1-79

第二章　伸缩短棍的攻击技术

"攻击"是伸缩短棍的第一属性。从技术角度讲，伸缩短棍追求的是点对点的精确打击。第一节棍体及棍头是伸缩短棍威力最大的部分，也是伸缩短棍的最终发力点。所以在平时要注意击打精度和准度的练习，避免在实战中出现失误。

伸缩短棍杀伤力很大，因此不可轻易击打人体要害部位，比如头部、颈部、裆部等。在实战中，要根据实战的目的选择击打的部位，如击打骨骼关节或者肌肉组织都可以使对手丧失攻击甚至移动的能力。

在我国，对警方执法人员佩带、使用伸缩短棍都有严格的规定。规定指出，执法人员使用伸缩短棍可以对危险目标进行驱逐、制服和控制。在一般性的侵害处警现场，可以通过击打目标的前臂内侧、前臂外侧、大腿内侧、大腿外侧、小腿后侧等伤害性较低的部位，从而达到控制目标的目的；在侵害相对危险的处置环境中，则可以通过击打手腕、上臂、肩颈、小腿正面等更具杀伤力的部位，从而达到制服目标的目的；在暴力犯罪或者暴力恐怖犯罪的处置现场，则不需要限制攻击部位并要做到全力打击。各攻击部位见图2-1。

攻击等级
1. 常规：前臂内外侧；大腿内外侧；小腿后侧
2. 危险：手腕；上臂；小腿正面；肩颈
3. 极端：头部

图2-1

第一节　单手持棍攻击技术

一、劈击

1. 正手劈击

用于主动攻击、迎击及阻击。在攻击戒备动作的基础上，左手回收置于左脸颊旁形成防护，身体向左拧转；同

第二章 伸缩短棍的攻击技术

时,右臂快速由侧面向前挥动前臂,力达棍体,主要劈击对手上臂外侧、前臂内外侧(图2-2、图2-3)和大腿外侧(图2-4、图2-5)等部位,动作完成后迅速恢复戒备姿势。

图2-2　　　　图2-3　　　　　图2-3附图

图2-4　　　　图2-5　　　　　图2-5附图

2. 反手劈击

用于主动攻击、迎击及阻击。在攻击戒备或者反手戒备动作的基础上，左手上抬置于左脸颊旁形成防护，右臂由左侧向前挥动前臂，力达棍体，主要劈击对手上臂外侧、前臂内外侧（图2-6、图2-7）和大腿内外侧（图2-8、图2-9）等部位，动作完成后迅速恢复戒备姿势。

图2-6　　　　图2-7　　　　图2-7附图

图2-8　　　　图2-9　　　　图2-9附图

3. 正劈击

用于主动攻击。在攻击戒备动作的基础上，左手回收置于左脸颊旁形成防护，身体向左拧转，同时右臂快速向正下方挥动前臂，力达棍体，主要用于垂直劈击对手持握凶器的手臂等部位（图2-10、图2-11），动作完成后迅速恢复戒备姿势。

图2-10　　　　图2-11　　　　图2-11附图

二、戳击

1. 前戳击

用于主动攻击、迎击及阻击。在正手隐蔽戒备动作的基础上，以短棍棍头直线向前冲击，力达棍头，主要攻击对手胸腹部等部位，左手上抬，置于脸颊左侧形成防护，动作完成后迅速恢复戒备姿势（图2-12、图2-13）。

图2-12 　　　　　　　　　图2-13

2. 后戳击

用于主动攻击及被控制解脱等。在反手隐蔽戒备动作的基础上，使用短棍握柄端向后方戳击，力达握柄端，主要攻击对手大腿等部位，左手上抬，置于脸颊左侧形成防护，动作完成后恢复戒备姿势（图2-14、图2-15）。

图2-14 　　　　　　　　　图2-15

三、挑击

用于主动攻击。在隐蔽戒备或者单手防御戒备动作的基础上，以短棍棍头向前、向上挑击，力达棍头，主要攻击对手胸腹部、下腭等部位，左手上抬，置于脸颊左侧形成防护，动作完成后迅速恢复戒备姿势（图2-16~图2-18）。

图2-16

图2-17

图2-18

四、撩击

用于主动攻击、迎击及阻击。在突袭戒备动作的基础上,以握柄端领先,正手由右侧或者反手由左侧将棍体斜向上挥动,力达棍头或棍体,主要用于控制距离或者攻击对方胸腹等部位,左手上抬,置于脸颊左侧形成防护,动作完成后迅速恢复戒备姿势(图2-19~图2-21)。

图2-19　　　　图2-20　　　　图2-21

五、扫击

用于攻击以及驱逐人群、控制距离。在攻击戒备动作的基础上,持棍右臂大幅度左右横向挥舞,力达棍体,左手上抬，置于脸颊左侧形成防护，动作完成后迅速恢复戒备姿势（图2-22～图2-25）。

图2-22

图2-23

图2-24

图2-25

六、砸击

在攻击戒备动作的基础上，以短棍的握柄端（图2-26、图2-27）或者棍头（图2-28、图2-29）由上向下砸击对手身体各部位，左手上抬，置于脸颊左侧形成防护，动作完成后迅速恢复戒备姿势。

图2-26　　　　图2-27　　　　图2-27附图

图2-28　　　　图2-29　　　　图2-29附图

第二节 双手持棍攻击技术

一、推击

主要用于主动攻击、迎击、阻击。在双手格挡防御戒备动作的基础上，身体稍向左转，双脚蹬地拧腰；同时，双臂上举向前平推，力达棍体，动作完成后迅速恢复戒备姿势（图2-30、图2-31）。

图2-30

图2-31

图2-31附图

41

二、戳击

1. 前戳击

在双手反击防御戒备动作的基础上,左手在前,右手在后,双手合力向正前方冲击,力达棍头,主要攻击对手胸腹等部位,动作完成后迅速恢复戒备姿势(图2-32、图2-33)。

图2-32

图2-33

图2-33附图

2. 后戳击

主要用于主动攻击和解脱。在双手反击防御戒备动作的基础上，左手在前，右手在后，双手合力向正后方冲击，力达握柄末端，主要攻击对方大腿及胸腹等部位，动作完成后迅速恢复戒备姿势（图2-34）。

图2-34

图2-34附图

3. 下戳击

在双手反击防御戒备动作的基础上，以短棍握柄端由上向下方冲击，力达握柄后端，主要攻击对方背部，动作完成后迅速恢复戒备姿势（图2-35～图2-37）。

图2-35 　　　　　图2-36 　　　　　图2-37

三、横击

在双手格挡防御戒备动作的基础上，通过向左（右）转体拧腰，双手合力向前以短棍握柄端（棍头）向前横向击打，力达握柄后端（棍头），主要攻击对方胸腹部、身体外侧等部位，动作完成后迅速恢复戒备姿势（图2-38、图2-39）。

图2-38 　　　　　图2-39 　　　　　图2-39附图

四、盖打

在双手格挡防御戒备动作的基础上，通过向左（右）转体拧腰，双手合力由上向下以短棍握柄端（棍头）向下击打，力达握柄后端（棍头），主要攻击对方肩部、背部等，动作完成后迅速恢复戒备姿势（图2-40、图2-41）。

图2-40　　　　　图2-41　　　　　图2-41附图

五、下劈

在双手反击防御戒备动作的基础上，双手持棍向左上方扬起，通过向右转体拧腰，双手合力由上向下以短棍棍头向下劈击，力达棍头，主要攻击对方肩部、颈部、背等部位，动作完成后迅速恢复戒备姿势（图2-42～图2-44）。

图2-42　　　　图2-43　　　　图2-44

六、撩击

1. 左撩击

主要用于防御和控距。在双手格挡防御戒备的基础上，通过身体向右拧转，以握柄领先，将棍体由下斜向上并向左撩击，力达握柄底端，主要攻击对方胸腹等部位，动作完成后迅速恢复戒备姿势（图2-45、图2-46）。

图2-45 　　　　　图2-46 　　　　　图2-46附图

2. 右撩击

主要用于防御和控距。在双手格挡防御戒备的基础上，通过身体向左拧转，以棍头端领先，将棍体由下斜向上撩击，力达棍头端，主要攻击对方胸腹等部位，动作完成后迅速恢复戒备姿势（图2-47、图2-48）。

图2-47 　　　　　图2-48 　　　　　图2-48附图

七、缠头劈击

主要用于防御反击。在双手格挡防御戒备动作的基础上，右手在上左手在下，双手合力向左前纵向格挡，然后右手单手持棍经头部后方缠绕至身体右上方，最后向前方实施劈击，动作完成后迅速恢复戒备姿势（图2-49～图2-52）。

图2-49

图2-50

图2-51

图2-52

第三章 伸缩短棍的防御技术

防御,一般情况下是指被动的防守和抵御,与攻击相对应。而在伸缩短棍实战应用中,攻中定有防,防中亦有攻,攻防转换之间,进退有序,或变守为攻,或为进攻作铺垫。

第一节 徒手配合防御技术

一、单臂格挡

1. 上格挡

当对方以摆拳攻击我头部时,我左臂向上抬起,以左前臂进行格挡,动作完成后迅速恢复戒备姿势(图3-1)。

图3-1　　　　　　　　图3-1附图

2.下格挡

当对方以横踢腿攻击我腰腹部时，我左臂向内、向下摆动，以手掌拍挡来腿，同时身体向相反方向做小幅度移动以缓冲来腿力量，动作完成后恢复戒备姿势（图3-2）。

图3-2

图3-2附图

二、叠肘

1. 上叠肘

当对方以摆拳攻击我头部时，我上臂和前臂快速折叠上抬，肘关节正对对方，以上臂和前臂折叠面对我头部形成保护，动作完成后迅速恢复戒备姿势（图3-3）。

图3-3 　　　　　　　图3-3附图

2. 下叠肘

当对方以横踢腿攻击我胸腹侧面时，我含胸收腹，减小被攻击面积，同时，手臂快速折叠，下移至被攻击一侧胸腹部，使用手臂折叠面对我胸腹部形成保护，动作完成后迅速恢复戒备姿势（图3-4）。

图3-4

图3-4附图

三、单臂搂抓

当对方以摆拳攻击我头部时，我用左手格挡技术实施防护，身体迅速向左拧转；同时，左臂外旋，左手搂抓对方手腕或者衣物（图3-5）。

图3-5

图3-5附图

四、单臂拍挡

当对方以右直拳攻击我头部时，我快速以左手向内、向下实施拍击，动作完成后迅速恢复戒备姿势（图3-6）。

图3-6 　　　　　　　　　图3-6附图

五、单臂抄抱

当对方以右腿横踢攻击我腰腹部时，我左手快速向外、向下、向内抄搂对方来腿；同时，身体向相反方向做小幅度地移动以缓冲来腿力量，动作完成后迅速恢复戒备姿势（图3-7）。

图3-7 　　　　　　　　　图3-7附图

六、单臂推挡

当对方向我逼近欲对我实施攻击时,我向右拧转身体;同时,快速以左手手掌向前推击对方,然后快速后撤,拉开与对方之间的距离,动作完成后迅速恢复戒备姿势(图3-8、图3-9)。

图3-8

图3-9

七、闪躲

1. 下潜

当对方以摆拳攻击我头部时,我两腿屈膝下蹲躲避攻击,抬头直腰,目视对方,动作完成后迅速恢复戒备姿势(图3-10)。

图3-10 图3-10附图

2. 躲闪

当对方以直拳攻击我头部时，我向左（图3-11）、向右（图3-12）、向后（图3-13）通过步法移动，躲避对方攻击，形成安全距离，动作完成后迅速恢复戒备姿势。

图3-11 图3-12

图3-13

第二节　单手持棍的防御技术

一、双臂格挡

当对方以菜刀向我头部劈砍时，我两臂相对平行向前抬起，同时转体并向外发力格挡对方手臂，两臂间距约30厘米，动作完成后迅速恢复戒备姿势（图3-14）。

图3-14 　　　　　　图3-14附图

二、棍臂格挡

当对方以菜刀向我头部劈砍时，我双手同时向攻击者手臂方向前伸，左臂成格挡姿势，右手持棍举至左臂一侧，以左臂与短棍形成格挡，动作完成后迅速恢复戒备姿势（图3-15）。

图3-15

图3-15附图

三、棍臂架挡

当对方以菜刀向我头部劈砍时，我双手同时向攻击者手臂方向前伸，右手持棍举至头部上方形成架挡，左臂对对方手臂形成格挡，动作完成后迅速恢复戒备姿势（图3-16）。

第三章　伸缩短棍的防御技术

图3-16 　　　　　　　　图3-16附图

四、截挡

当对方以菜刀向我头部劈砍时，我以短棍向上截挡对方手臂，棍体中、下段与对方前臂或手腕形成交叉，左手上抬，置于脸颊左侧完成防御，动作完成后迅速恢复戒备姿势（图3-17）。

图3-17 　　　　　　　　图3-17附图

五、拨挡

1. 内拨挡

当对方以菜刀向我头部劈砍时，我稍向左转体，右手持棍向内拨击阻挡对方持刀手臂，同时左手上抬置于脸颊左侧完成防御，动作完成后迅速恢复戒备姿势（图3-18）。

图3-18

图3-18附图

2. 外拨挡

当对方以菜刀向我头部劈砍时，我右手持棍由内向外拨击阻挡对方前臂外侧，同时左手上抬置于脸颊左侧完成防御，动作完成后迅速恢复戒备姿势（图3-19）。

第三章　伸缩短棍的防御技术

图3-19 　　　　　　　　图3-19附图

六、挂挡

当对方以匕首向我胸腹部直刺时，我稍向左转体，以持棍右手与短棍握柄形成的夹角向下、向外挂挡对方攻击手腕，同时左手上抬置于脸颊左侧完成防御，动作完成后迅速恢复戒备姿势（图3-20）。

图3-20 　　　　　　　　图3-20附图

61

第三节 双手持棍的防御技术

一、上格挡

当对方以长棍由上向下劈砍我头部时，我上步靠近对手，同时双手持握短棍两端向上推举，以棍体挡住对方攻击，动作完成后迅速恢复戒备姿势（图3-21）。

图3-21

图3-21附图

二、左格挡

当对方以长棍由上向下劈砍我头部时，我上步靠近对方，双手持握短棍两端快速向上、向左前推举，以棍体挡住对方攻击，动作完成后迅速恢复戒备姿势（图3-22）。

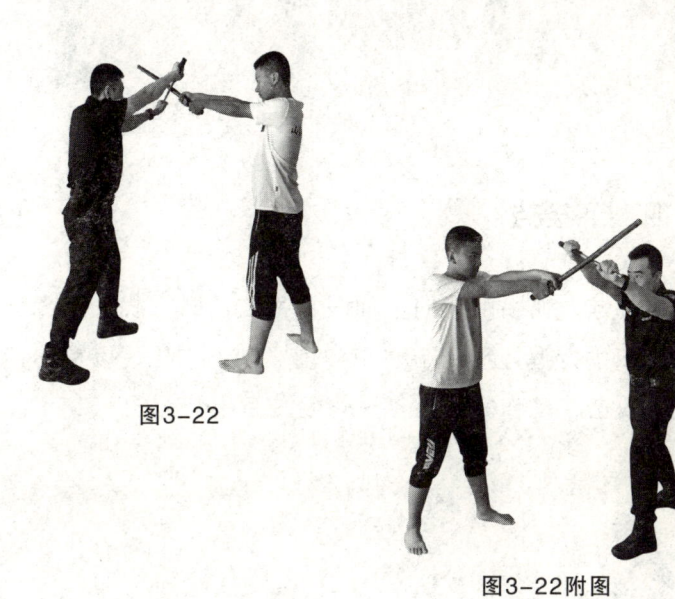

图3-22

图3-22附图

三、右格挡

当对方以长棍由上向下劈砍我头部时，我上步靠近对方，双手持握短棍两端快速向上、向右前推举，以棍体挡住对方攻击，动作完成后迅速恢复戒备姿势（图3-23）。

图3-23

图3-23附图

四、下格挡

当对方以弹踢由下向上向我裆部攻击时，我上步靠近对方，双手持握短棍两端水平向前、向下推压，以棍体挡住对方攻击，动作完成后迅速恢复戒备姿势（图3-24）。

图3-24

图3-24附图

第四章 伸缩短棍的控制技术

不论是普通民众的自我防卫还是执法部门的执法活动，其终极目标都应该是控制危险目标，确保自身安全。

伸缩短棍的控制技术包括压、戳、别、打等基本技法，运用这些技术能有效实施防护、控制目标，从而保证普通民众自身安全或者执法人员完成执法任务。

伸缩短棍控制技术动作简单易学，熟练掌握，灵活运用，即可达到预期的防卫及执法目的。

第一节 双手持棍的控制技术

一、徒手跪压辅助控制

对方呈俯卧状，将其一手臂抓起垂直于地面，我单膝或者双膝跪压于对方上臂一侧或者两侧，同时折压对方手腕，形成控制（图4-1）。

图4-1

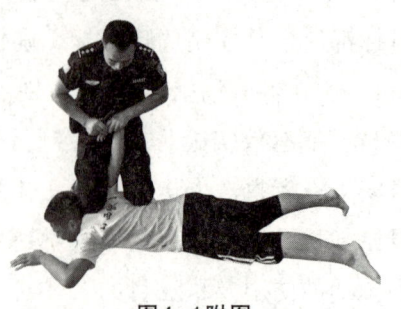

图4-1附图

二、腕部控制

1. 合握箍腕

右手正手持棍（未开棍），将棍体置于对方手腕下方，左手快速于另一边合握棍体，双手拇指合力按压对方手腕于棍体上，实施箍压，完成控制（图4-2、图4-3）。

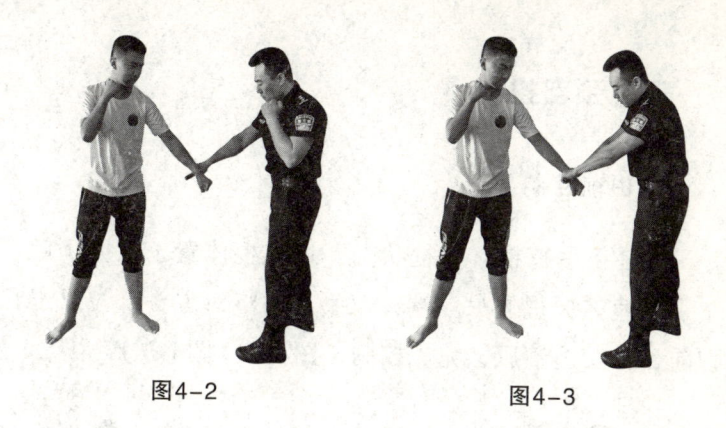

第四章　伸缩短棍的控制技术

图4-2　　　　　　　　　　图4-3

2. 交叉箍腕

右手反手持棍，将棍体反手插挑于对方手腕下方，左手快速由上方与右手交叉抓握棍体另一端，两前臂合力外撑，对对方手腕实施箍压，完成控制（图4-4、图4-5）。

图4-4 　　　　　　　　　　图4-5

三、颈部控制

1. 由前控制

右手正手持棍（开棍状态），将棍体置于对方颈后，左手快速抓握棍体另一端，双手合力将对方头部拉靠于我胸前，并实施箍压，完成控制（图4-6、图4-7）。

图4-6

图4-6附图

图4-7

图4-7附图

2. 由后控制

右手正手持棍（开棍状态），将棍体置于对方颈侧（避开咽喉部位），左手快速抓握棍体另一端，双手合力将对方头部拉靠于我胸前，并实施箍压，完成控制（图4-8、图4-9）。

图4-8

图4-8附图

图4-9

图4-9附图

3. 交叉控制

右手反手持棍（开棍状态），将棍体反手插于对方颈后，左手快速由上方与右手交叉抓握棍体另一端，两臂合力回拉并外撑，对对方颈部实施箍压，完成控制（图4-10~图4-11附图）。

图4-10

图4-10附图

图4-11

图4-11附图

4. 拉肘控制

左手经对方腋下上挑，右手持棍迅速由对方颈部左侧扣插于对方颈后，将棍体另一端交于左手，双手合握棍体两端，身体稍向右转，将对方头部连同右上臂拉靠于我体侧，对其颈部实施箍压，完成控制（图4-12～图4-14附图）。

图4-12

图4-13

图4-14

图4-14附图

四、腰部控制

1. 由前控制

右手正手持棍（开棍状态），将棍体置于对方背后，左手快速抓握棍体另一端，身体侧对对方，弯腰低头贴靠对方，双手合力将对方拉靠于我体前并实施箍压，完成控制（图4-15、图4-15附图）。

图4-15

图4-15附图

2. 由后控制

右手正手持棍（开棍状态），将棍体置于对方体前，左手快速抓握棍体另一端，身体侧对对方，弯腰低头贴靠对方，双手合力将对方拦腰拉靠于我体前并实施箍压，完成控制（图4-16）。

第四章　伸缩短棍的控制技术

图4-16

图4-16附图

第二节　单手持棍的控制技术

一、压点控制

1. 捏耳控制

对方坐地，我右手持棍（未开棍状态），四指卷握棍头与拇指合力捏住对方耳朵，左手从另一侧搂锁其喉部，迫使对方服从（图4-17～图4-19）。

73

图4-17 　　　　　图4-18 　　　　　图4-19

2. 捏耳带离

对方坐地，我右手持棍（未开棍状态），四指卷握棍头与拇指合力捏住对方耳朵，左手从另一侧搂锁其喉部，双手合力上提，在对方的被动配合下，将对方带离（图4-20～图4-22）。

图4-20 　　　　　图4-21 　　　　　图4-22

3. 捏耳跪压

对方坐地，我右手持棍（未开棍状态），四指卷握棍头与拇指合力捏住对方耳朵，左手从另一侧搂锁其喉部，右脚后撤，双手合力将对方向右后方拖摔，使对方形成俯卧状，然后迅速跪压其手臂两侧，将对方控制（图4-23～图4-26）。

图4-23

图4-24

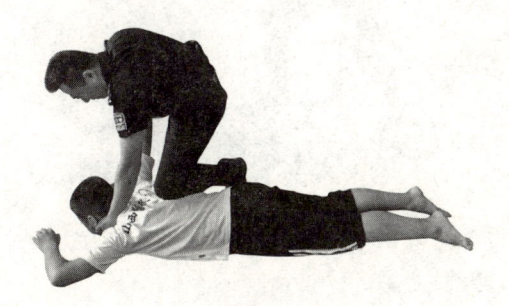

图4-25

图4-26

4. 碾胸箍腕

当对方处于仰卧状态时，我右手持棍（未开棍状态），在对方胸前戳压，直至对方伸手防御时，对其手腕实施箍腕控制（图4-27～图4-30）。

图4-27

第四章 伸缩短棍的控制技术

图4-28

图4-29

图4-30

77

5. 点胸锁喉

与对方相向面对时，我右手持棍（未开棍状态），快速向对方胸部一侧戳击，使对方身体侧转，左手顺势搂锁对方咽喉，右手持棍扣握对方右手腕。然后将对方拖拽至地面成俯卧状，再对对方实施跪压控制（图4-31~图4-35）。

图4-31

图4-32

图4-33

图4-34

第四章 伸缩短棍的控制技术

图4-35

图4-35附图

6. 锁喉前戳

由后接近对方，右手持棍，左手锁喉的同时，右手持棍（未开棍状态）向其背部戳击，然后以左手向后锁喉与右手往前戳顶之力协同将对方控制（图4-36）。

79

图4-36 　　　　　　　　图4-36附图

7. 压腕控制

右手持棍（未开棍状态），以短棍的握柄端或者棍头在对方手腕、手背及其他部位实施按压，配合左手抓握对方手腕形成控制（图4-37、图4-38）。

图4-37 　　　　　　　　图4-38

二、别臂控制

1. 拉肘别臂

由前接近对方，右手持棍由前经对方左侧腋下穿过，然后棍头上挑，左手快速抓握棍头，身体向左后拧转的同时，右手搂抓对方左手腕，协同左手向下拉拽的力量向上推托，控制对方肘关节（图4-39~图4-42）。

图4-39

图4-40

图4-41

图4-42

2. V型锁控

由后接近对方，右手持棍由前向后经对方右侧腋下插过并迅速贴近对方右侧，棍头回插至我腋下并以上臂发力夹持，然后左手上抬将对方右手前臂上带并将短棍握柄交于左手，将其手臂向我身体回收并形成锁控（图4-43～图4-46）。

图4-43

图4-44

图4-45

图4-46

3. 拉腕压臂

左手抓握对方左手腕，快速回拉至我胸腹前，右手持棍按压在对方肘关节位置，左手上拉与右手下压协同发力，控制对方手臂（图4-47、图4-48）。

图4-47

图4-48

4. 卷肘压腕

右手持棍，将棍体置于对方手臂肘关节位置，左臂水平上抬前压协同右手持棍下拉，将棍头插在我左臂肘关节内，然后双手合力将对方手臂拉靠于我胸前，控制对方手臂（图4-49、图4-50）。

图4-49

图4-50 　　　　图4-50附图

5. 挑臂压颈

由后接近对方，右手持棍，双手经对方双臂腋下前插并上挑，然后双手抓握短棍于对方颈部后方，后撤一步，同时，双手合力将对方下拉至地面，形成控制（图4-51~图4-54）。

第四章 伸缩短棍的控制技术

图4-51

图4-52

图4-53

图4-54

第五章 伸缩短棍
被控制解脱技术

在伸缩短棍的实战应用中，难免会出现被对方拉扯、抓握、搂抱甚至控制的情形，本章就如何有效实施各种被抓扯、搂抱、控制的解脱技术进行阐述。

第一节 伸缩短棍被抓扯的解脱技术

一、短棍前端被单手抓握的解脱技术

1. 推掌解脱

当我短棍前端被对方单手抓握时，我右手握紧握柄一端，通过向右拧腰转体，配合左手向对方面部推掌的动作快速向后拉拽，完成解脱（图5-1、图5-2）。

第五章　伸缩短棍被控制解脱技术

图5-1

图5-2

2. 格挡解脱

当我短棍前端被对方单手抓握时，我右手握紧握柄一端，然后拧腰转体，配合左手前臂向前水平格挡的动作向后快速拉拽，完成解脱（图5-3、图5-4）。

图5-3

图5-4

3. 搅棍解脱

当我短棍前端被对方单手抓握时，我左手快速与右手合握握柄一端，然后拧腰转体，快速搅动短棍，使棍头由内向外或由外向内划弧，别压对方手腕从而完成解脱（图5-5～图5-8）。

图5-5

图5-6

图5-7

图5-8

4. 盖击解脱

当我短棍前端被对方单手抓握时，我右手握紧握柄一端，左手抓握对方手腕，然后，双手合力，向左、向上划弧盖击对方并完成解脱（图5-9～图5-12）。

图5-9

图5-10

图5-11

图5-12

二、短棍前端被双手抓握的解脱技术

1. 撩击解脱

当我短棍前端被对方双手抓握时，我右手握紧握柄回带，左手迅速抓握棍头一端，双手协同配合拧腰转体发力，以握柄端领先由下向上挑撩，击打对方下颌部位，从而完成解脱（图5-13～图5-16）。

图5-13

图5-14

图5-15

图5-16

2. 推掌回拉

当我短棍前端被对方双手抓握时，我右手握紧握柄，左手快速向对方面部进行推掌攻击，右手发力回拉，同时向后撤步，从而完成解脱（图5-17、图5-18）。

图5-17

图5-18

3. 快拉解脱

当我短棍前端被对方双手抓握时，我右手握紧握柄，左手迅速与右手合握，配合快速向后撤步，双手协同突然向后、向下拉拽，将对方拉倒，从而完成解脱（图5-19~图5-22）。

图5-19

图5-20

图5-21

图5-22

4. 拉别解脱

当我短棍前端被对方双手抓握时，我右手握紧握柄回带，左手迅速抓握棍体中部，左脚插于对方身体外侧，配合拧腰转体的动作，双手协同发力，向右、向后拉拽将对方摔倒，从而完成解脱（图5-23～图5-26）。

92

图5-23 　　　　　　　　　　　　图5-24

图5-25 　　　　　　　　　　　　图5-26

三、短棍中段被抓握的解脱技术

1. 拧棍下拉

当我短棍中段被对方单手抓握时，我双手抓棍同时用力，将短棍顺时针旋转90°并将棍头置于对方手臂上方，然后突然向下、向后猛拉，从而完成解脱（图5-27~图5-29）。

图5-27

图5-28 　　　　　　　图5-29

2. 拧棍前戳

当我短棍中段被对方单手抓握时，我双手抓棍同时用力，将短棍顺时针旋转90°，然后右手回拉，左手前压，配合向前上步的动作，突然向对方胸腹部实施戳击，从而完成解脱（图5-30~图5-32）。

第五章 伸缩短棍被控制解脱技术

图5-30

图5-31 　　　　　　　图5-32

3. 拧棍上撩

当我短棍中段被对方单手抓握时，我双手抓棍同时用力，使短棍顺时针旋转90°，然后左手回拉，右手前推，配合向前上步的动作，突然向对方胸腹部或下颌部位实施撩击，从而完成解脱（图5-33～图5-35）。

95

图5-33

图5-34  图5-35

4. 换把搅棍

当我短棍中段被对方单手抓握时，我左手快速移握棍体中部或与右手合握握柄，然后通过拧腰转体，搅动短棍，使棍头由内向外或由外向内划弧，别压对方手腕，从而完成解脱（图5-36~图5-39）。

第五章　伸缩短棍被控制解脱技术

图5-36

图5-37

图5-38

图5-39

5. 上抬弹踢

当我短棍中段被对方双手抓握时，我双手同时用力，将短棍水平向上托举，然后以左腿向对方裆部或者小腹部弹踢，使对方后退，从而完成解脱（图5-40～图5-42）。

伸缩短棍实战技法

图5-40

图5-41 　　　　　　　　图5-42

6. 转体后拉

当我短棍中段被对方双手抓握时，我右脚向右后方撤一步，身体右转；同时，双手持棍顺时针旋转90°并向右后方拉拽，从而完成解脱（图5-43～图5-45）。

98

图5-43

图5-44

图5-45

7. 戳压后拉

当我短棍中段被对方双手抓握时，我双手同时用力顺时针旋转，使短棍由水平位置变为竖直状态，向对方胸腹部实施戳击，然后突然向下按压并向后猛拉，从而完成解脱（图5-46～图5-49）。

图5-46  图5-47

图5-48  图5-49

8. 上举别摔

当我短棍中段被对方双手抓握时，我双手握棍向左上方推举，同时右脚插于对方身体外侧，配合拧腰转体发力，双手协同向左后拉拽，将对方摔倒，从而完成解脱（图5-50～图5-53）。

第五章 伸缩短棍被控制解脱技术

图5-50

图5-51

图5-52

图5-52附图

图5-53

101

第二节　头颈部位被控制的解脱技术

一、颈部被由前锁控的解脱技术

1. 箍腕转体

当被对方双手由前掐抓脖颈部位时，我左手迅速向下切压对方双手手腕，右手取棍（未开棍状态），将短棍横向置于对方左（右）手腕处，左手迅速配合右手抓棍控制对方手腕，然后向右撤步转体，向下拖拽对方被控手腕使其成俯卧状，实施跪压控制（图5-54～图5-59）。

图5-54

图5-55

第五章 伸缩短棍被控制解脱技术

图5-56

图5-57

图5-58

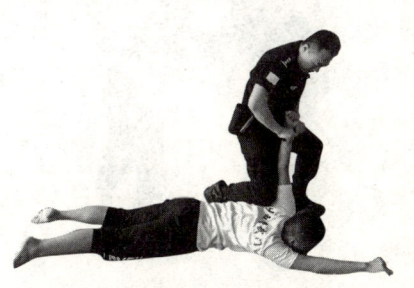

图5-59

图5-59附图

103

2. 切腕戳击

当被对方双手由前掐抓脖颈部位时，我左手迅速向下切压对方双手手腕，右手取棍（未开棍状态），向对方胸腹部实施连续戳击，迫使其松手后退，从而完成解脱（图5-60～图5-62）。

图5-60

图5-61 　　　　　　　　图5-62

3. 切腕砸击

当被对方双手由前掐抓脖颈部位时，我左手迅速向下切压对方双手手腕，右手取棍（未开棍状态），以短棍握柄端或棍头端向对方胸锁部位或者上臂部位实施砸击，使其松手后退，从而完成解脱（图5-63～图5-66）。

图5-63

图5-64

图5-65

图5-66

4. 切腕劈击

当被对方由前双手掐抓脖颈部位时，我左手迅速向下切压对方双手手腕，右手取棍并向下开棍，向对方大腿外侧实施连续劈击，使其松手后退，从而完成解脱（图5-67～图5-70）。

图5-67

图5-68

图5-69

图5-70

5. 戳横连击

当被对方双手由前掐抓脖颈部位时，我左手迅速向下切压对方双手手腕，右手取棍并向下开棍，以棍头向对方胸腹部实施戳击，然后向左后方转体；同时，双手抓棍向对方腰肋部做横击，使其松手后退，从而完成解脱（图5-71～图5-76）。

图5-71

图5-72

图5-73

图5-74

图5-75 　　　　　　　　　图5-76

6. 拉肘推击

当被对方双手由前掐抓脖颈部位时，我左手迅速向下切压对方双手手腕，右手取棍并向下开棍，将棍体横向置于对方双臂肘关节位置上方，左手协同抓握短棍另一端并迅速下拉，然后突然向前推击，使其松手后退，从而完成解脱（图5-77～图5-82）。

图5-77 　　　　　　　　　图5-78

第五章 伸缩短棍被控制解脱技术

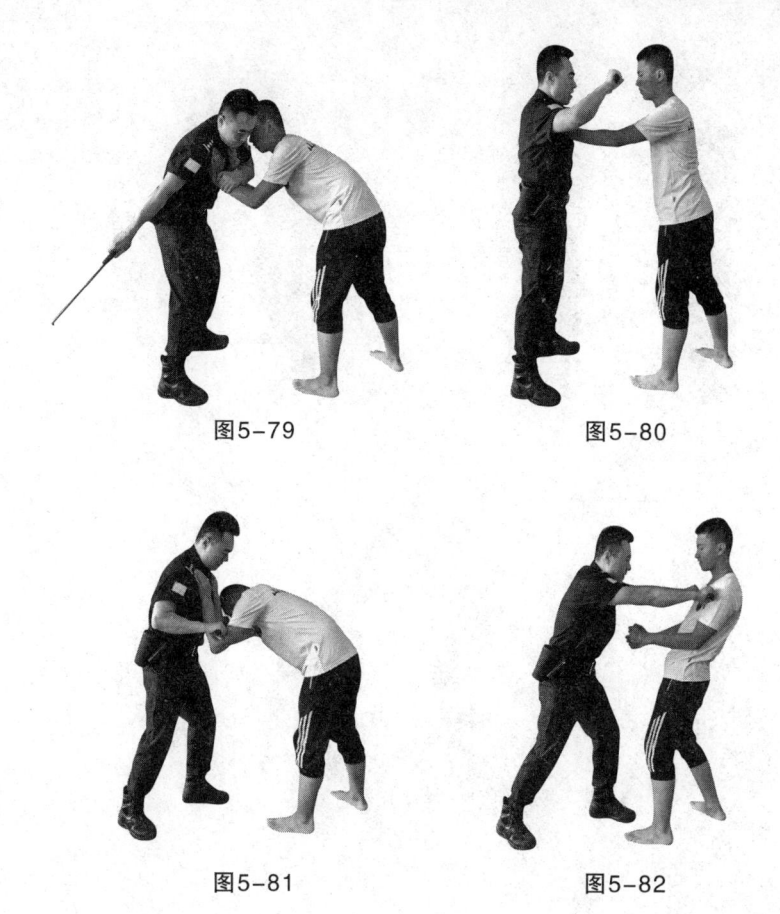

图5-79

图5-80

图5-81

图5-82

7. 拉肘横击

当被对方双手由前掐抓脖颈部位时，我左手迅速向下切压对方双手手腕，右手取棍并向下开棍，然后将棍体横向置于对方双臂肘关节位置上方，左手协同抓握并迅速下拉，继而突然向左转体，以握柄端向其面部实施横击，使其松手后退，从而完成解脱（图5-83～图5-88）。

伸缩短棍实战技法

图5-83

图5-84

图5-85

图5-86

图5-87

110

图5-88 　　　　　　　图5-88附图

二、颈部被由后锁控的解脱技术

1. 拉臂后戳

当被对方由后锁控脖颈部位时，我重心迅速下降，左手快速抓握对方手臂向下拉压，右手取棍（不开棍状态），以握柄底部向后对对方大腿部位实施连续戳击，使其松手后退，从而完成解脱（图5-89～图5-93）。

图5-89 　　　　　　　图5-90

图5-91

图5-92 　　　　　　　图5-93

2. 拉臂劈击

当被对方由后锁控脖颈部位时，我重心迅速下降，左手快速抓握对方手臂向下拉压，右手取棍并向下开棍，然后向下、向后对对方小腿部位实施连续劈击，使其松手后退，从而完成解脱（图5-94~图5-98）。

第五章 伸缩短棍被控制解脱技术

图5-94

图5-95

图5-96

图5-97

图5-98

113

3. 戳击解脱

当被对方由后侧方锁控脖颈部位时，我重心迅速下降，左手快速抓握对方锁控手臂向下拉压，右手取棍（不开棍状态），使用棍头或者握柄底端向对方手臂、手掌实施连续戳击，使其松手后退，从而完成解脱（图5-99～图5-101）。

图5-99

图5-100 　　　　图5-101

4. 箍腕解脱

当被对方由侧后方锁控脖颈部位时，我重心迅速下降，左手快速抓握对方锁控手臂向下拉压，右手取棍（不开棍），然后双手合力使用箍腕控制技术对对方锁控手腕实施箍压，使其松手后退，从而完成解脱（图5-102～图5-106）。

图5-102

图5-103

图5-104

图5-105 　　　　　　　　　图5-106

5. 掏步解脱

当被对方由侧后方锁控脖颈部位时，我重心迅速下降，左手快速抓握对方锁控手臂向下拉压，左脚向左后方撤步；同时，右手持棍向对方腿部实施连续劈击，使其松手后退，完成解脱（图5-107～图5-109）。

图5-107 　　　　　　　　　图5-108

第五章　伸缩短棍被控制解脱技术

图5-109

第三节　腕臂部位被控制的解脱技术

一、未持棍手腕被抓握的解脱技术

1. 旋腕解脱

当未持棍的手腕被对方单手抓握控制时，我通过蹬地拧腰转体动作，手臂快速由下向上旋转抽撤，从对方手掌虎口方向完成解脱（图5-110~图5-112）。

图5-110

117

伸缩短棍实战技法

图5-111 　　　　　　　　图5-112

2．回拉解脱

当未持棍的手腕被对方单手抓握控制时，我通过蹬地拧腰转体动作，手臂突然发力向对方手掌虎口方向快速回拉，从而完成解脱（图5-113～图5-115）。

图5-113 　　　　　　　　图5-114

第五章　伸缩短棍被控制解脱技术

图5-115

3. 砸击解脱

当未持棍的手腕被对方抓握控制时，我右手取棍（未开棍状态），以短棍握柄底端或者棍头向对方手臂实施连续砸击，使其松手后退，从而完成解脱（图5-116～图5-118）。

图5-116 　　　　　　　　图5-117

119

图5-118

4. 劈击解脱

当未持棍的手腕被对方抓握控制时，我右手取棍并开棍，向对方前臂实施连续劈击，使其松手后退，从而完成解脱（图5-119～图5-121）。

图5-119    图5-120

第五章 伸缩短棍被控制解脱技术

图5-121

5. 戳击解脱

当未持棍的手腕被对方抓握控制时，我右手取棍并开棍，向对方胸腹部连续戳击，使其松手后退，从而完成解脱（图5-122～图5-124）。

图5-122 　　　　　　图5-123

121

伸缩短棍实战技法

图5-124

二、持棍手腕被抓握的解脱技术

1. 格挡回拉

当持棍（未开棍状态）手腕被对方单手抓握控制时，我把握时机，左手前臂向前格挡对方手臂，同时右手快速回拉，从而完成解脱（图5-125～图5-127）。

图5-125 　　　　　　　　图5-126

第五章 伸缩短棍被控制解脱技术

图5-127

2. 内缠腕挂压

当持棍（未开棍）手腕被对方单手抓握控制时，我向左转体；同时，由外向内旋转手腕，将棍体旋至对方手腕上方，然后以握柄端领先快速向下挂压，使其松手，从而完成解脱（图5-128～图5-130）。

图5-128 　　　　　　　　图5-129

123

图5-130

3. 外缠腕挂压

当持棍（未开棍）手腕被对方单手抓握控制时，我向右转体；同时，由内向外旋转手腕，将棍体旋至对方手腕上方，然后以握柄端领先快速向下挂压，使其松手，从而完成解脱（图5-131~图5-133）。

图5-131 　　　　　图5-132

第五章 伸缩短棍被控制解脱技术

图5-133

4. 推掌回拉

当持棍（未开棍）手腕被对方抓握控制时，我把握时机，左手快速向对方面部实施推掌攻击；右手快速回拉，使对方松手后退，从而完成解脱（图5-134、图5-135）。

图5-134 　　　　　　　图5-135

5. 内旋棍压腕

当持棍（开棍）手腕被对方抓握控制时，我由外向内旋腕，将棍体旋至对方手腕上方，然后左手快速抓握短棍另一端，双手协力快速下压并后拉，使其松手，从而完成解脱（图5-136～图5-139）。

图5-136

图5-137

图5-138

图5-139

6. 外旋棍压腕

当持棍（开棍）手腕被对方抓握控制时，我由内向外旋腕，将棍体旋至对方手腕上方，然后左手快速抓握短棍另一端，通过快速向右后方转体实施下压，使其松手，从而完成解脱（图5-140～图5-143）。

图5-140

图5-141

图5-142

图5-143

三、持棍手臂被抓的解脱技术

1. 拨打解脱

当持棍（开棍）上臂被对方抓握控制时，我前臂持棍上抬，通过由外向内或者由内向外的挥动，向对方手臂连续实施拨打，使对方松手，从而完成解脱（图5-144～图5-146）。

图5-144

图5-145 　　　　　　　　图5-146

2. 砸击解脱

当持棍（开棍）上臂被对方抓握控制时，我前臂持棍上抬，使用短棍握柄端，向对方的手臂连续实施砸击，使其松手，从而完成解脱（图5-147～图5-149）。

图5-147

图5-148 　　　　　　图5-149

3. 劈砍解脱

当持棍（开棍）上臂被对方抓握控制时，我身体稍向右转，左手掌向对方手臂实施劈击，同时右手持棍后撤，从而完成解脱（图5-150～图5-152）。

图5-150

图5-151

图5-152

第四节　胸部被抓扯的解脱技术

一、劈击解脱

当胸部被对方抓扯控制时，我左手迅速切压对方手腕部位，右手持棍，然后向对方大腿内、外侧或者前臂实施连续劈击，使其松手后退，从而完成解脱（图5-153～图5-155）。

图5-153

图5-154

图5-155

二、拉肘解脱

当胸部被对方抓扯控制时，我左手迅速切压对方手腕部位，右手持棍，将棍体水平置于对方手臂肘关节位置上方，左手迅速抓握短棍另一端，双手合力快速向下、向后砸击拉拽，使其松手，从而完成解脱（图5-156～图5-159）。

图5-156 　　　　图5-157

图5-158 　　　　　　　　　图5-159

三、拉肘劈击

当胸部被对方抓扯控制时，我右手持棍，将棍体水平置于对方肘关节位置上方，左手迅速抓握短棍另一端，双手合力快速发力，向下拉压对方肘关节，然后向右转体并以棍头向对方头颈部实施劈击，从而完成解脱（图5-160～图5-163）。

图5-160 　　　　　　　　　图5-161

图5-162

图5-163 　　　　　　图5-163附图

四、切腕砸击

当胸部被对方抓扯控制时，我左手迅速切压对方手腕部位，右手取棍（不开棍），以短棍握柄端或者棍头连续向对方手臂砸击，使其松手，从而完成解脱（图5-164～图5-167）。

第五章 伸缩短棍被控制解脱技术

图5-164

图5-165

图5-166

图5-167

图5-167附图

135

五、切腕戳胸

当胸部被对方抓扯控制时,我左手迅速切压对方手腕部位,右手取棍,以短棍握柄端或者棍头向对方胸部戳击,然后戳压在其胸骨上窝位置,配合向左后拧腰转体的动作,将对方摔倒,完成解脱(图5-168~图5-171)。

图5-168

图5-169

图5-170

图5-171

六、箍腕控制

当胸部被对方抓扯控制时,我左手迅速切压对方手腕部位,右手取棍,将棍体置于对方手腕上方,左手迅速与右手合握棍体,对对方手腕实施箍压并撤步下压形成控制,完成解脱(图5-172~图5-176)。

图5-172

图5-173

图5-174

图5-175

图5-176

七、箍腕跪压

当胸部被对方抓扯控制时，我左手迅速切压对方手腕部位，右手取棍，将棍体置于对方手腕上方，左手迅速与右手合握棍体，对对方手腕实施箍压并撤步下压形成控制，然后将对方拖拽至地面实施跪压控制，从而完成解脱（图5-177～图5-184）。

图5-177 　　　　　图5-178

第五章 伸缩短棍被控制解脱技术

图5-179

图5-180

图5-181

图5-182

图5-183

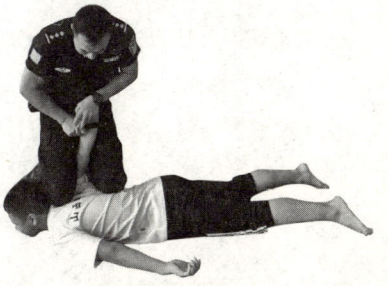

图5-184

139

第五节　腰部被控制的解脱技术

一、被由前抱腰控制的解脱技术

1. 戳击解脱

当被对方由前抱腰控制时，我右手持棍（未开棍），以棍头向对方大腿或胸腹部位实施连续戳击，迫使对方松手，完成解脱（图5-185、图5-186）。

图5-185

图5-186

2. 劈击解脱

当被对方由前抱腰控制时，我右手持棍并开棍，以短棍向对方大腿、小腿部位实施连续劈击，使对方松手后退，完成解脱（图5-187~图5-189）。

图5-187

图5-188 　　　　　　　图5-189

3. 戳压解脱

当被对方由前抱腰控制时，我右手持棍，以短棍棍头或者握柄末端向对方腰部或者肋部实施持续戳压，使对方松手后退，从而完成解脱（图5-190～图5-193）。

图5-190

图5-191

图5-192

图5-193

二、被由后抱腰控制的解脱技术

1. 压点解脱

当被对方由后抱腰控制时，我左手抓握对方外侧手腕，右手持棍，以棍头或者握柄底部在其手背实施压点控制，使对方松手，继而转身撤步完成解脱（图5-194~图5-197）。

图5-194

图5-195

图5-196 　　　　　　　　图5-197

2. 劈击解脱

当被对方由后抱腰控制时，我右手持棍并开棍，以短棍连续向对方腿部实施劈击，使对方松手后退，从而完成解脱（图5-198～图5-201）。

图5-198 　　　　　　　　图5-199

第五章　伸缩短棍被控制解脱技术

图5-200

图5-201

3. 戳击解脱

当被对方由后抱腰控制时，我右手持棍（未开棍）向对方大腿部位实施连续的戳击，使对方松手后退，从而完成解脱（图5-202~图5-205）。

图5-202

图5-203

图5-204　　　　　　　　　图5-205

三、被对方骑压控制的解脱技术

1. 箍腰翻身

当被对方骑压在地面控制时，我双脚蹬地顶腹将对方向我右侧顶推，右手持棍经对方背后将短棍另一端交于左手，双手合力回拉将对方箍腰控制，最后左脚蹬地发力翻身，将对方压制于我身下，从而完成解脱（图5-206~图5-209）。

图5-206

第五章 伸缩短棍被控制解脱技术

图5-207

图5-208

图5-209

147

2. 压颈翻身

当被对方骑压在地面控制时，我双脚蹬地顶腹将对方向我右侧顶推，右手持棍置于对方脖颈后方，左手快速抓握短棍另一端，双手合力下拉将对方头部锁控于我肩上，最后左脚蹬地发力翻身，将对方压制于我身下，完成解脱（图5-210～图5-213）。

图5-210

图5-211

第五章 伸缩短棍被控制解脱技术

图5-212

图5-213

149

第六章 伸缩短棍的实战应用

伸缩短棍是一种用于防御、攻击、驱逐、控制的可伸缩的棍式器械，由于其具有便于携带的特点，而且实战技法易学易练，实战效果便捷有效，被普遍用于防身、防暴及军队、警队的执法活动。在我国，伸缩短棍也在军警部门的执法活动中得到了充分的应用，还被列为我国公安民警单警装备中的必配警械具，属于驱逐型、制服型警械。

伸缩短棍的实战应用是指普通民众在日常生活中或者人民警察在执法战斗中，遭遇到突发违法暴力伤害事件时，使用伸缩短棍，根据人体关节的活动规律、要害部位的生理机制和薄弱环节的特点，以快速多变的技术动作驱逐、制服、擒获违法犯罪分子或制止其违法犯罪行为，进行自我保护或者完成执法任务的方法，是普通民众防暴自卫及人民警察打击犯罪的一项搏击技能。

不论从防身自卫的角度，还是执法的职业需求，都应该将伤害程度降至最低限度。比如对于警队的执法使用，《中华人民共和国人民警察使用警械和武器条例》第七条明确规定，人民警察遇条例中相关适用情形时，经警告无效的，可以使用警棍、催泪弹、高压水枪、特种防暴枪等驱逐性、制服性警械。其中提到经警告无效一点，说明在实战使用中，应先行警告。而在警务实战中，由于处置现场情况紧急或者平时实战训练的不足，民警在使用伸缩短棍实施驱逐性、制服性攻击时，没有对执法对象实施"警告"程序就直接使用，导致现场处置出现失误甚至失败，遭到投诉、追责，很大一部分原因在于一线民警不够了解在使用伸缩短棍前进行警告的意义所在。

所以，不论在防身、防御过程中，还是警队执法中，在使用伸缩短棍前要对执法对象进行警告，主要目的有两个：一是为了给执法对象或者防御目标一次机会，将现场存在的危机程度控制在最小限度，大事化小，小事化了。二是为了给依法防卫者以及处置民警提供短棍使用的准备时间，同时也提醒周边无关人员有效规避，使得合法的防身行为与执法行动更为妥当。

确实明确"警告"的意义，不但有助于紧急情形下的防御及处置过程的顺利进行，最大限度地保障各方权益，也有效地规避了防卫者本身及处置民警遭遇到的正面冲突，为后续问题的处理奠定良好的基础。

另外，违法、犯罪行为人的违法、犯罪行为尚未危及他人或者人民警察生命安全的，使用伸缩短棍时应当避免攻击违法、犯罪行为人的致命部位，打击力度和部位应当以使违法、犯罪行为人停止行为或者放弃伤害及抗拒为限。

在攻击方法、攻击位置、攻击力度的选择上也应根据现场情况以及使用对象的个体情况差异进行区别对待，并且在整个使用过程中，应该具备现场损害最小化的战术意识。使用伸缩短棍的过程每推进一步，都可以继续配合实施语言劝告、警告，不断地给对方停止伤害或配合执法的机会，尽可能做到将现场各方的各类损伤降到最低限度，力求在最小的武力使用程度下，将现场情况妥善处置。

第一节　伸缩短棍应对突然袭击

一、格撞戒备

当对方突然以菜刀向我进行劈砍时，在来不及后退的情况下，我快速向对方逼近，破坏对方对我的攻击距离，两前臂上抬，以左前臂向外实施格挡，右臂屈肘向对方胸腹部实施撞击，使对方后退，动作完成，迅速后撤形成安全距离，取伸缩短棍并开棍戒备（图6-1～图6-4）。

图6-1

图6-2

第六章　伸缩短棍的实战应用

图6-3

图6-4

二、顶摔戒备

当对方突然以菜刀对我进行劈砍时，在来不及后退的情况下，我快速向对方逼近，破坏对方对我的攻击距离，并下潜微蹲，双手搂抱对方双腿膝关节后方，配合肩部前顶动作，双手同时后拉，将对方摔倒，动作完成后迅速后撤，形成安全距离，取伸缩短棍并开棍戒备（图6-5～图6-8）。

图6-5

153

图6-6

图6-7

图6-8

三、下潜推击

当对方突然以菜刀对我进行劈砍时，在来不及后退的情况下，我快速向对方逼近，破坏对方对我的攻击距离，

第六章　伸缩短棍的实战应用

并下潜微蹲，双手成掌水平向对方胸腹部大力推击，动作完成后迅速后撤，形成安全距离，取伸缩短棍并开棍戒备（图6-9～图6-12）。

图6-9

图6-10

图6-11

图6-12

四、戳扫连击

当对方突然以菜刀对我进行劈砍时,在来不及后退的情况下,我快速向对方逼近,破坏对方对我的攻击距离,左手上抬在我头部左侧形成保护,右手取棍快速向对方胸腹部实施戳击,然后向后开棍,并向前方实施左右扫击,使对方后退,形成安全距离,恢复戒备(图6-13~图6-18)。

图6-13

图6-14

第六章 伸缩短棍的实战应用

图6-15

图6-16

图6-17

图6-18

第二节　伸缩短棍应对徒手攻击

一、应对上肢直线攻击

1. 闪身劈击

当对方以直拳向我头部实施攻击时，我向右侧滑步闪身；同时，右手持棍向其手臂实施劈击，动作完成后迅速后撤，形成安全距离，并恢复戒备（图6-19、图6-20）。

图6-19

第六章 伸缩短棍的实战应用

图6-20

图6-20附图

2. 拍挡劈击

当对方以右直拳向我头部实施攻击时，我向左侧滑步闪身；同时，左手向内拍击对方来拳，右手持棍向其右臂部位实施劈击，动作完成后迅速后撤，形成安全距离，并恢复戒备（图6-21～图6-23）。

图6-21

伸缩短棍实战技法

图6-22

图6-22附图

图6-23

图6-23附图

3. 格挡劈击

当对方以右直拳向我头部实施攻击时，我左手向上、向外格挡对方来拳，右手持棍向其大腿部位实施劈击，

160

第六章 伸缩短棍的实战应用

动作完成后迅速后撤，形成安全距离，并恢复戒备（图6-24～图6-26）。

图6-24

图6-25

图6-26

图6-26附图

161

4. 拉腕压臂

当对方以左直拳向我头部实施攻击时，我左手向外格挡并顺势抓握对方左手腕向我左后方拉拽；同时，右手持棍按压在对方肘关节位置，左脚向左后方撤步，双手合力控制对方手臂（图6-27～图6-31）。

图6-27

图6-28

图6-29

图6-30

图6-31 　　　　　　　　　图6-31附图

5. 格挡卷肘

当对方以右直拳向我头部实施攻击时，我左手向上、向外格挡对方来拳，右手持棍将棍体置于对方来拳手臂肘关节位置，左臂上抬协同右手持棍下拉（将棍头插于我左臂肘关节内），将对方肘关节拉靠于我胸前形成控制（图6-32～图6-35）。

图6-32 　　　　　　　　　图6-33

163

伸缩短棍实战技法

图6-34

图6-35 　　　　　　　　　图6-35附图

6. 左右劈击

当对方以右直拳向我头部实施攻击时，我通过向左右小幅度地闪身与移动，右手持棍向对方来拳手臂、右腿、

164

第六章 伸缩短棍的实战应用

左腿实施正、反方向的连续劈击，动作完成后迅速后撤，形成安全距离，并恢复戒备（图6-36～图6-39）。

图6-36

图6-37

图6-38

图6-39

165

7. 格挡推击

当对方以右直拳向我头部实施攻击时，我双手持棍，水平向上格挡，然后快速向对方胸腹部推击，动作完成后迅速后撤，形成安全距离，并恢复戒备（图6-40~图6-43）。

图6-40

图6-41

图6-42

图6-43

8. 挂挡劈击

当对方以右直拳向我头部实施攻击时，我右手持棍向下、向内挂挡对方手臂，然后向我左侧跨步；同时，向对方大腿部位实施劈击，动作完成后迅速后撤，形成安全距离，并恢复戒备（图6-44～图6-48）。

图6-44

图6-45

图6-46

图6-47

伸缩短棍实战技法

图6-48

9. 拨击弹踢

当对方以右直拳向我头部实施攻击时，我右手持棍，由外向内拨打对方手臂，右腿向对方腹部弹踢，动作完成后迅速后撤，形成安全距离，并恢复戒备（图6-49~图6-52）。

图6-49　　　　　　图6-50

168

图6-51　　　　　　　　图6-52

二、应对上肢横向攻击

1. 格挡劈击

当对方右摆拳向我头部实施攻击时，我左手迅速向上、向外格挡防御，右手持棍快速向对方手臂实施劈击，动作完成后迅速后撤，形成安全距离，并恢复戒备（图6-53~图6-56）。

图6-53　　　　　　　　图6-54

图6-55 　　　　　　　　　图6-56

2. 格挡戳击

当对方以右摆拳向我头部实施攻击时，我左手迅速向上、向外格挡防御，右手持棍向对方胸腹部实施戳击，使对方后退，动作完成后迅速后撤，形成安全距离，并恢复戒备（图6-57～图6-60）。

图6-57 　　　　　　　　　图6-58

第六章 伸缩短棍的实战应用

图6-59　　　　　　　　图6-60

3. 格挡扫击

当对方右摆拳向我头部实施攻击时，我左手迅速向上、向外格挡防御，右手持棍向对方实施左右大幅度扫击，使对方后退并无法靠近，动作完成后迅速后撤，形成安全距离，并恢复戒备（图6-61～图6-64）。

图6-61 　　　　　　　　图6-62

171

图6-63　　　　　　　　　图6-64

4. 搂抓戳击，插腿别摔

当对方以右摆拳向我头部实施攻击时，我左手迅速向上、向外格挡并顺势搂抓对方手腕，右手持棍向对方胸腹部实施戳击，然后右腿向对方体侧插步，配合向左后的拧腰转体动作，右手持棍挂压对方颈部左侧，将对方摔倒（图6-65～图6-68）。

图6-65 　　　　　　　　　图6-66

图6-67 　　　　　　　　　图6-68

5. 双臂格挡，抓腕抹脖

当对方以右手摆拳向我头部实施攻击时，我双臂上抬，向左转体，两前臂格挡来拳，随后左手顺势抓握对方手腕，右手持棍抹挂于对方颈部后方，向右后转体；同时，双手协同发力将对方向右下方拖拽，摔倒对方（图6-69~图6-73）。

图6-69 　　　　　　　　　图6-70

173

伸缩短棍实战技法

图6-71

图6-72

图6-73

6. 双臂格挡，扛臂挂肘

当对方以右摆拳向我头部实施攻击时，我双臂上抬，向左转体，两前臂格挡来拳，随后，左前臂抬平前

174

第六章　伸缩短棍的实战应用

压，同时，以右手腕与握柄末端形成的角度向下挂压对方肘关节，双手合力将对方向下、向后拖拽，摔倒对方（图6-74～图6-77）。

图6-74

图6-75

图6-76

图6-77

7. 棍臂格挡，正反劈击

当对方以右摆拳向我头部实施攻击时，我双臂上抬，向左转体，以棍臂格挡对方来拳，右手持棍向对方来拳手臂及身体外侧实施连续劈击，使对方后退，动作完成后迅速后撤，形成安全距离，并恢复戒备（图6-78～图6-81）。

图6-78

图6-79

图6-80

图6-81

8. 棍臂格挡，交叉锁喉

当对方右摆拳向我头部实施攻击时，我双臂上抬，向左转体，以棍臂格挡对方来拳，右手持棍反向将棍体置于对方颈后，左手快速抓握棍头一端，与右手协同对对方颈部形成交叉锁控（图6-82~图6-85）。

图6-82

图6-83

图6-84

图6-85 　　　　　　　　图6-85附图

9. 下潜躲闪，箍踝拉摔

当对方以右摆拳向我头部实施攻击时，我快速下潜并向前滑步逼近对手，将棍体置于对方脚踝后方，然后快速向右后方拖拽，将对方摔倒，动作完成后迅速后撤，形成安全距离，并恢复戒备（图6-86～图6-89）。

图6-86 　　　　　　　　图6-87

图6-88

图6-89

10. 下潜躲闪，推击控距

当对方以右摆拳向我头部实施攻击时，我快速下潜；同时，双臂上抬并向前滑步逼近对手，双手持棍向对方胸腹部实施推击，动作完成后迅速后撤，形成安全距离，并恢复戒备（图6-90~图6-93）。

伸缩短棍实战技法

图6-90

图6-91

图6-92

图6-93

三、应对下肢直线攻击

1. 闪身劈击

当对方以前蹬腿向我攻击时，我迅速向右侧滑步闪身；同时，右手持棍向对方来腿实施劈击，动作完成后迅速后撤，形成安全距离并恢复戒备（图6-94、图6-95）。

图6-94　　　　　　　　图6-95

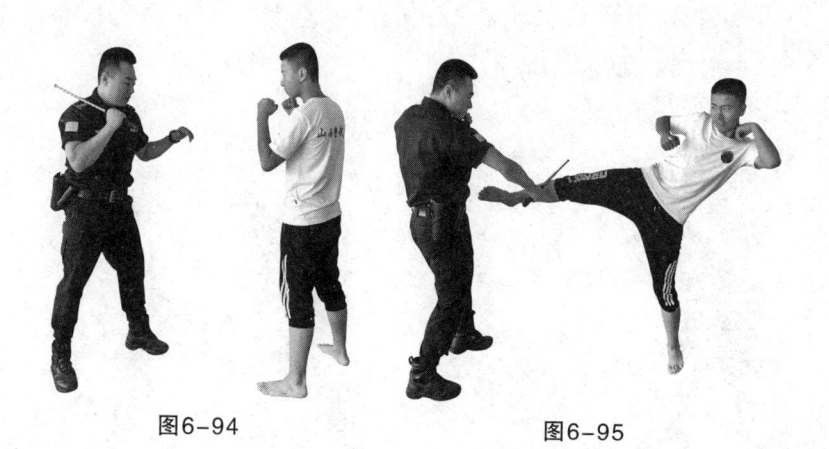

图6-95附图

2. 格挡戳击

当对方以前蹬腿向我攻击时，我稍向前滑步，双手持棍向下、向右格挡，然后以棍头领先向对方胸腹部实施戳击，动作完成后迅速后撤，形成安全距离，并恢复戒备（图6-96～图6-100）。

图6-96

图6-97

图6-98

图6-99

图6-100

3. 挂挡劈击

当对方以前蹬腿向我攻击时，我右手持棍向下、向外挂挡对方脚踝部位，然后向左侧上步并向对方腿部实施劈击，动作完成后迅速后撤，形成安全距离，并恢复戒备（图6-101~图6-104）。

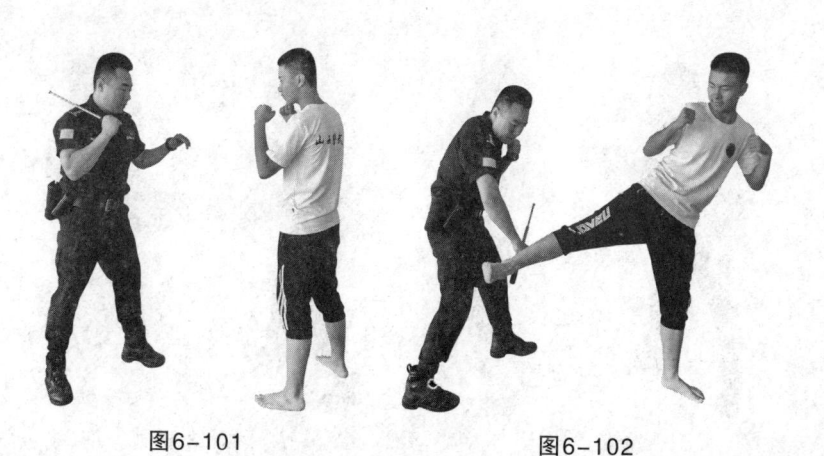

图6-101　　　　　　图6-102

伸缩短棍实战技法

图6-103　　　　　　　　图6-104

4. 接腿涮摔

当对方以前蹬腿向我攻击时，我稍向前滑步，把握时机，右手持棍向对方来腿下方挑插；同时，左手迅速配合右手及棍体将对方脚踝控制，然后由左下到右上弧线拖拽，将对方摔倒（图6-105～图6-110）。

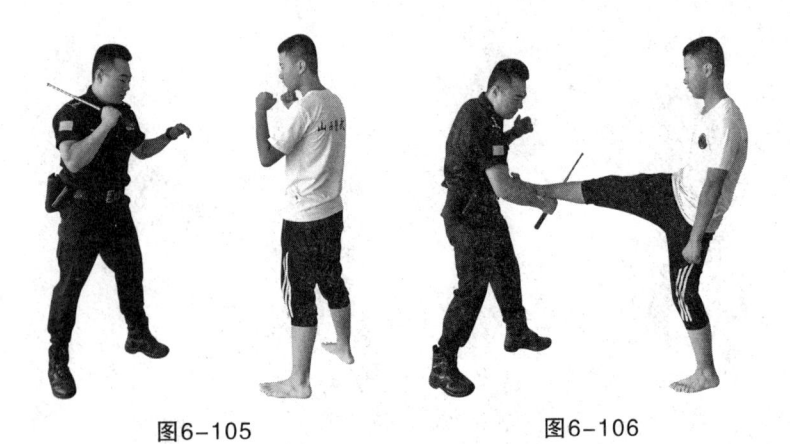

图6-105　　　　　　　　图6-106

第六章 伸缩短棍的实战应用

图6-107

图6-108

图6-109

图6-110

5. 挑膝拖摔

当对方以前蹬腿向我攻击时，我稍向右滑步，右手持棍向对方膝关节下方挑棍，左手同时搂抓对方来腿脚踝或小腿部位，然后快速向后撤步，双手合力向下、向后拖拽对方来腿，将对方摔倒（图6-111～图6-114）。

图6-111

图6-112

图6-113

图6-114

四、应对下肢横向攻击

1. 闪身劈击

当对方以鞭腿向我攻击时,我稍向右滑步闪身;同时,右手持棍向对方来腿实施劈击,动作完成后迅速后撤,形成安全距离,并恢复戒备(图6-115、图6-116)。

图6-115

图6-116   图6-116附图

2. 格挡劈击

当对方以右鞭腿向我攻击时,我稍向右滑步,左手向对方来腿实施下格挡,然后右手持棍,向对方大腿部实施劈击,动作完成后迅速后撤,形成安全距离,并恢复戒备(图6-117~图6-119)。

图6-117

图6-118　　　　图6-119

3. 格挡戳击

当对方以右鞭腿向我攻击时，我稍向右滑步，双手抓棍向左格挡，然后拧转棍体，双手合力以短棍握柄末端向对方胸腹部实施戳击，动作完成后迅速后撤，形成安全距离，并恢复戒备（图6-120～图6-123）。

图6-120

图6-121

图6-122

图6-123

4. 挑膝别腿

当对方以右鞭腿向我攻击时，我稍向右滑步，右手持棍向对方来腿膝关节下方挑棍，左手同时搂抓对方来腿脚踝或小腿部位，然后向左后撤步转体，双手合力将对方摔倒（图6-124～图6-127）。

图6-124

图6-125

图6-126

图6-127

5. 挑膝绊摔

当对方以右鞭腿向我攻击时,我稍向右滑步,右手持棍向对方来腿膝关节下方挑棍,左手同时配合右手及棍体控制对方来腿,右腿插步于对方支撑腿后,然后向左后方拧腰转体,将对方摔倒(图6-128~图6-131)。

图6-128

图6-129

图6-130

图6-131

第三节　伸缩短棍应对长棍类器械攻击

一、格挡弹踢，夺棍劈击

当对方持握长棍由上而下向我劈击时，我向前滑步逼近对手，双手持棍快速水平上抬格挡对方长棍，右腿快速提膝向对方腹部或者裆部弹踢，然后左手搂抓对方长棍，右手持棍连续向对方上臂等部位实施劈击，使对方丧失攻击能力（图6-132~图6-135）。

图6-132

图6-133

图6-134 　　　　　　　　　图6-135

二、格挡弹踢，连续推击

当对方持握长棍由上而下向我劈击时，我向前滑步逼近对手，双手持棍快速水平上抬格挡对方长棍，右腿快速向对方腹部或者裆部提膝弹踢，然后双手持棍，连续向对方胸腹部实施推击，使对方后退或者失去攻击能力（图6-136～图6-139）。

图6-136 　　　　　　　　　图6-137

伸缩短棍实战技法

图6-138 　　　　　　　　　图6-139

三、格挡防御，下劈横击

当对方持握长棍由上而下向我劈击时，我向前滑步逼近对手，双手持棍快速上抬，将对方长棍向上、向外格挡，然后向右转体，同时双手持棍向对方肩颈部实施劈击，最后再向左转体，向对方肩颈部位实施横击，使对方丧失攻击能力（图6-140～图6-143）。

图6-140 　　　　　　　　　图6-141

图6-142 　　　　　　　　　图6-143

四、格挡防御，戳劈连击

当对方持握长棍由上而下向我劈击时，我向前滑步逼近对手，双手持棍快速上抬，将对方长棍向上、向外格挡，然后向右转体，同时双手持棍以握柄端领先向对方胸部实施戳击，然后左脚上步再向对方肩颈部位实施劈击，使对方丧失攻击能力（图6-144～图6-146）。

图6-144 　　　　　　　　　图6-144附图

195

图6-145 　　　　　　　　图6-146

五、格挡防御，缠头劈击

当对方持握长棍由上而下向我劈击时，我向前滑步逼近对手，双手持棍快速上抬，将对方长棍向上、向外格挡，然后左手顺势抓握长棍，右手持棍经头部后方缠绕至体侧上方，向对方上臂或身体一侧实施劈击，使对方丧失攻击能力（图6-147～图6-150）。

图6-147 　　　　　　　　图6-148

图6-149 　　　　　　　　　　图6-150

六、格挡防御，左右劈击

当对方持握长棍由上而下向我劈击时，我向前滑步逼近对手，双手持棍快速上抬，将对方长棍向上、向外格挡，然后左手顺势抓握长棍，右手持棍向对方持棍手臂及大腿内外侧实施连续劈击，使对方丧失攻击能力（图6-151~图6-156）。

图6-151 　　　　　　　　　　图6-152

伸缩短棍实战技法

图6-153

图6-154

图6-155

图6-156

第四节 伸缩短棍应对
直刺类锋刃器械攻击

一、闪身防御,连续劈击

当对方持握匕首向我直刺时,我向后滑步闪身躲避;同时,右手持棍向对方持械手腕或者前臂实施劈击,将对方所持器械打掉,然后继续向对方持械上臂实施劈击,使对方丧失攻击能力(图6-157~图6-159)。

图6-157

图6-158

图6-158附图

图6-159　　　　　　　　图6-159附图

二、棍臂格挡，正手下劈

当对方持握匕首向我直刺时，我快速向右后闪身；同时，左手配合右手持棍向下、向外格挡对方持械手臂，右手持棍向下实施劈击，打掉对方器械，使对方丧失攻击能力（图6-160～图6-162）。

图6-160

第六章 伸缩短棍的实战应用

图6-161　　　　　　　　图6-161附图

图6-162　　　　　　　　图6-162附图

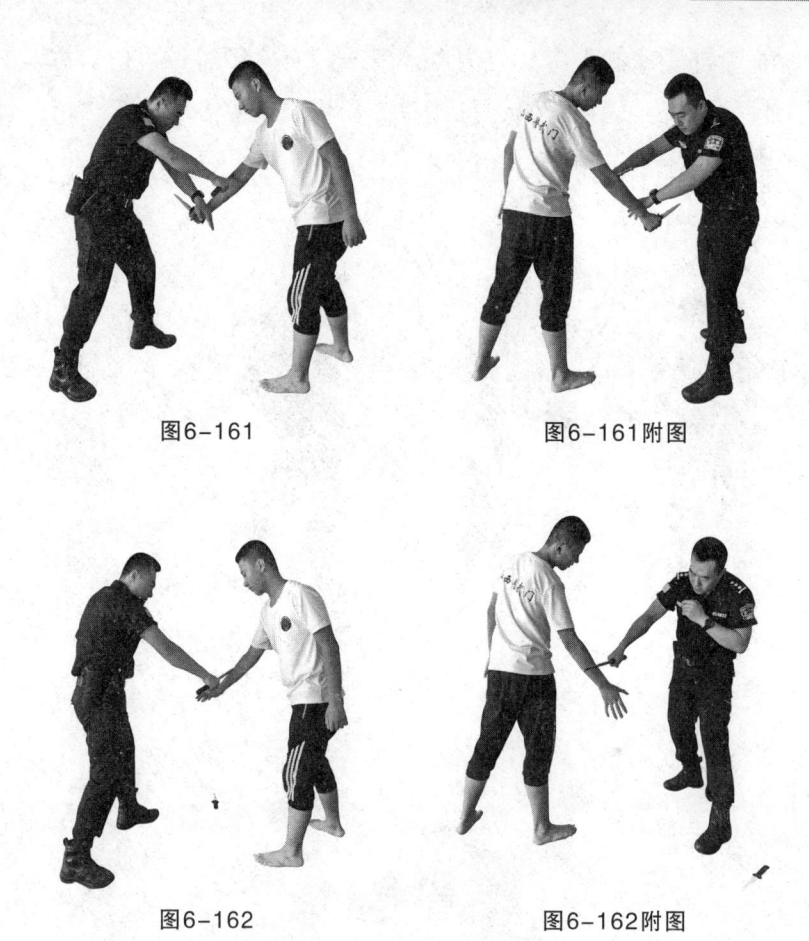

三、格挡防御，戳劈连击

当对方持握匕首向我直刺时，我快速向后闪身；同时，左手向下、向外格挡对方持械手臂，右手持棍向对方胸腹部实施戳击，然后向右侧滑步闪身；同时，再向对方持械手臂实施正劈击，打掉对方器械，使对方丧失攻击能力（图6-163～图6-166）。

图6-163

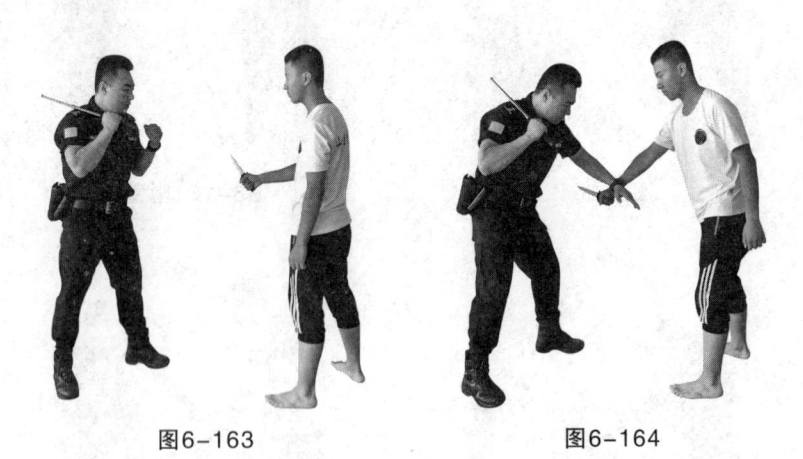

图6-164

图6-165

图6-166　　　　　　　　图6-166附图

四、截击防御，正手下劈

当对方持握匕首向我直刺时，我快速向右侧滑步闪身；同时，右手持棍以中段部位向对方持械手臂直推截击，然后向对方持械手臂实施正劈击，打掉对方器械，使对方丧失攻击能力（图6-167～图6-169）。

图6-167

203

图6-168　　　　　　　　图6-168附图

图6-169　　　　　　　　图6-169附图

五、拨挡防御，闪身劈击

当对方持握匕首向我直刺时，我向左侧滑步闪身；同时，右手持棍由内向外拨打对方手臂，然后再向右转体；

第六章 伸缩短棍的实战应用

同时，向对方持械手臂实施劈击，打掉对方器械使对方丧失攻击能力（图6-170～图6-172）。

图6-170

图6-171

图6-171附图

图6-172

205

六、挂挡防御,转身劈击

当对方持握匕首向我攻击时,我快速向左侧滑步闪身;同时,右手持棍向下、向外以握柄端与我手臂的夹角挂挡对方持械手臂,然后向右转体并向对方持械手臂实施劈击,打掉对方器械,使对方丧失攻击能力(图6-173~图6-176)。

图6-173

图6-174

图6-175

图6-175附图

图6-176

七、防御格挡，正手下劈

当对方持握匕首向我攻击时，我稍向后闪身，双手持棍先向下、向右对对方持械手臂实施格挡，然后再向对方持械手臂实施劈击，打掉对方器械，使对方丧失攻击能力（图6-177～图6-179）。

图6-177 　　　　　　图6-178

图6-179 　　　　　　　　　　　图6-179附图

八、防御格挡，戳劈连击

当对方持握匕首向我攻击时，我稍向右侧滑步闪身；同时，双手持棍向下、向外对对方持械手臂实施格挡，然后拧转棍体以握柄底部领先向对方胸腹部实施戳击，接着继续向对方持械手臂实施劈击，打掉对方器械，使对方丧失攻击能力（图6-180～图6-183）。

图6-180 　　　　　　　　　　　图6-181

图6-182　　　　　　　　　图6-182附图

图6-183

第五节　伸缩短棍应对劈砍类器械攻击

一、格挡防御，正反劈击

当对方持握菜刀向我攻击时，我左手迅速向上、向外

209

格挡对方攻击手臂，右手持棍向对方持械手腕以及上臂实施正、反连续劈击，打掉对方器械，使对方丧失攻击能力（图6-184～图6-186）。

图6-184

图6-184附图

图6-185

图6-186

二、搂抓劈击，挑肘别摔

当对方持握菜刀向我攻击时，我左手迅速向上、向外格挡对方手臂并顺势搂抓对方持械手腕，右手持棍向对方持械手臂实施劈击，然后右手持棍经其腋下上挑，双手合力控制对方持械手臂，右后转体；同时，配合右脚对对方下肢的踢绊，将对方摔倒（图6-187～图6-191）。

图6-187

图6-188

图6-189

图6-190

伸缩短棍实战技法

图6-190附图 　　　　　图6-191

三、格挡防御，卷肘控制

当对方持握菜刀向我攻击时，我左手格挡对方攻击手臂，右手持棍将棍体横向置于对方手臂肘关节位置，然后左前臂水平上抬前压协同右手持棍下拉（将棍头插于我左臂肘关节），将对方肘关节贴靠于我胸部，对对方形成控制（图6-192～图6-194）。

图6-192 　　　　　图6-192附图

212

图6-193

图6-194

图6-194附图

四、闪身防御，腕臂劈击

当对方持握菜刀向我攻击时，我向右侧闪身，右手持棍向对方持械手腕劈击，打掉对方器械，然后向左跨步；

同时，向对方持械上臂实施劈击，使对方丧失攻击能力（图6-195、图6-196）。

图6-195

图6-195附图

图6-196

图6-196附图

五、棍臂格挡，撤步劈腕

当对方持握菜刀向我攻击时，我稍向右侧闪身，以棍臂格挡对方持械手臂，然后向后撤步；同时，右手持棍向对方持械手臂实施劈击，打掉对方器械，使对方丧失攻击能力（图6-197、图6-198）。

图6-197

图6-197附图

图6-198

图6-198附图

六、防御格挡，闪身劈击

当对方持握菜刀向我攻击时，我稍向右侧闪身，双手持棍向上推举格挡，然后向后撤步；同时，右手持棍向对方持械手腕实施劈击，打掉对方器械，使对方丧失攻击能力（图6-199、图6-200）。

图6-199

图6-199附图

图6-200

图6-200附图

七、棍臂格挡，劈击锁喉

当对方持握菜刀向我攻击时，我双手持棍向上格挡对方手臂，然后右手持棍迅速向对方手腕实施劈击，将对方器械打掉，随即将棍体上挑置于对方颈部后方，左手迅速抓握棍头一端，双手合力外撑下压，对对方颈部形成锁控（图6-201～图6-205）。

图6-201

图6-202

图6-203

图6-203附图

图6-204

图6-204附图

图6-205

八、双臂格挡，搂抓抹脖

当对方持握菜刀向我攻击时，我双臂向上、向外格挡，左手顺势搂抓对方持械手腕，右手持棍以棍体和手腕

第六章 伸缩短棍的实战应用

形成的夹角向对方颈部后方抹挂，双手合力配合快速向右后撤步转体将对方摔倒（图6-206～图6-209）。

图6-206

图6-207 　　　　　　　　　图6-207附图

图6-208 　　　　　　　　　　图6-209

九、双臂格挡，切别摔控

当对方持握菜刀向我攻击时，我双臂向上、向外格挡，左手顺势搂抓对方持械手腕，右手持棍与棍体和手腕形成的夹角向对方颈部左后方挂切；同时，右腿插步落于对方体侧，双手合力配合快速向左后转体的动作，将对方摔倒，最后形成跪压控制（图6-210~图6-215）。

图6-210 　　　　　　　　　　图6-211

第六章 伸缩短棍的实战应用

图6-212

图6-213

图6-214

图6-215

221

第七章 伸缩短棍组合套路

第一节 伸缩短棍基本技术

一、腕花

1. 内腕花

手持短棍，以手腕为中心，以拇指和食指为主抓牢棍体，腕关节和肘关节协同将棍体向前、向内、向下、向上纵向划动直至恢复持棍姿势（图7-1～图7-5）。

图7-1

图7-2

第七章 伸缩短棍组合套路

图7-3

图7-4

图7-5

2. 外腕花

手持短棍，以手腕为中心，以拇指和食指为主抓牢棍体，腕关节和肘关节协同将棍体向前、向外、向下、向上纵向划动直至恢复持棍姿势（图7-6~图7-10）。

伸缩短棍实战技法

图7-6

图7-7

图7-8

图7-9

图7-10

二、撩花

1. 外撩花

手持短棍，以手腕为中心，以拇指和食指为主抓牢棍体，手腕向右后拧转，腕关节和肘关节协同将棍体向后、向外、向下、向上纵向划动直至恢复持棍姿势（图7-11～图7-16）。

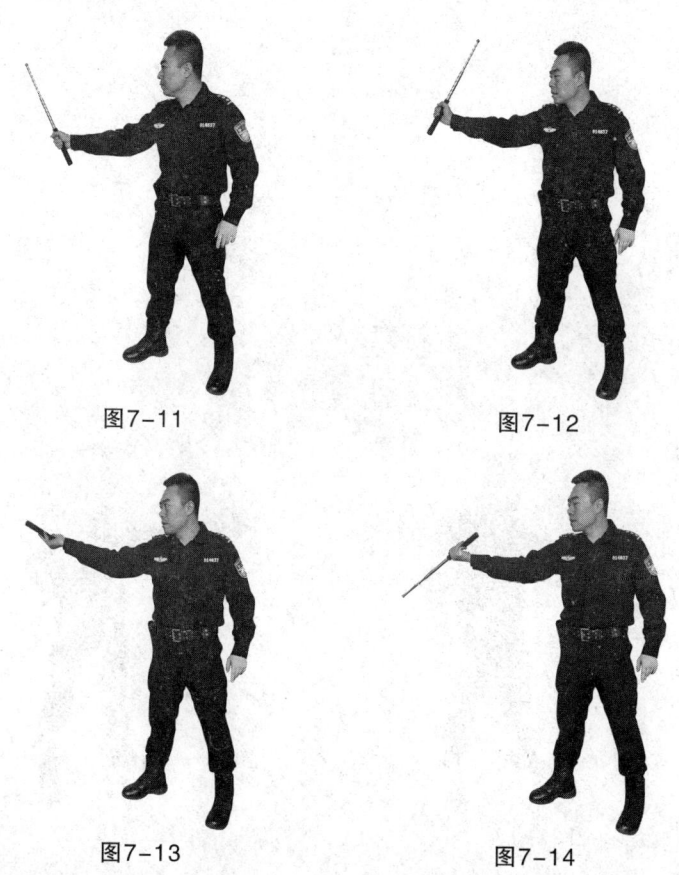

图7-11

图7-12

图7-13

图7-14

图7-15 　　　　　　　　图7-16

2. 内撩花

手持短棍，以手腕为中心，以拇指和食指为主抓牢棍体，手腕向左后拧转，腕关节和肘关节协同将棍体向后、向内、向下、向上纵向划动直至恢复持棍姿势（图7-17～图7-22）。

图7-17 　　　　　　　　图7-18

图7-19   图7-20

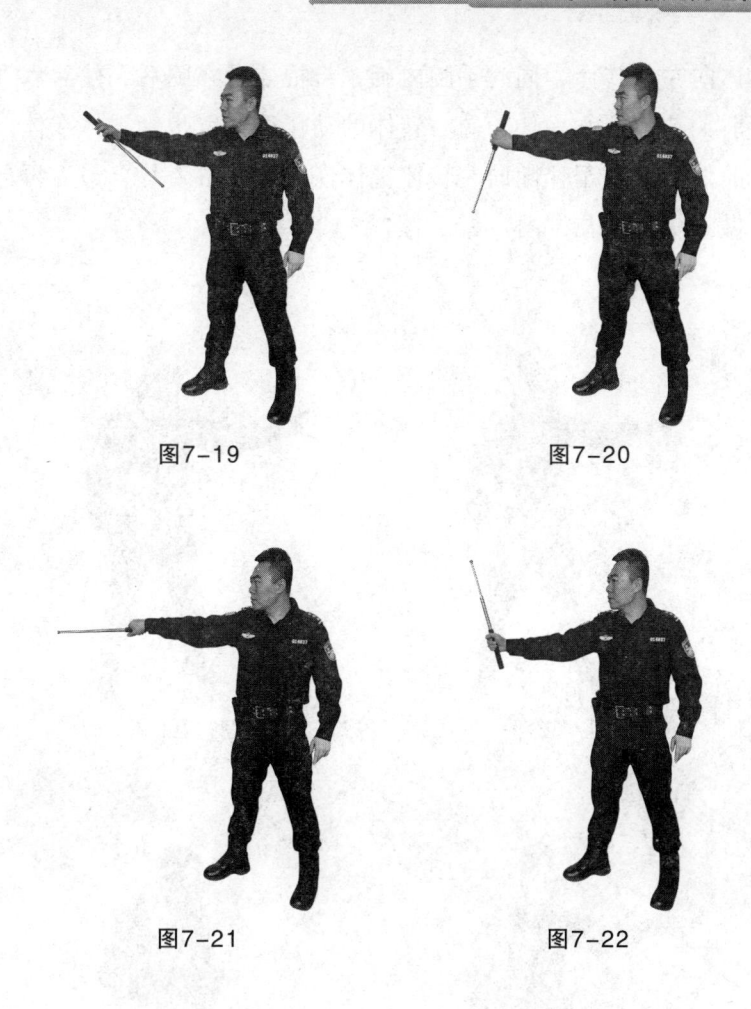

图7-21   图7-22

三、背花

手持短棍，以手腕为中心，以拇指和食指为主抓牢棍体，腕关节和肘关节协同完成一次内腕花和外腕花后，身体向左后转体，同时手腕内旋，将棍体背在腿后，然后以肘关节为圆心，伴随向右转体的动作以前臂带动棍体在体前划圆，直至伴随向左转体棍体恢复到持棍姿势，最后再做一次外腕花（图7-23~图7-34）。

图7-23

图7-24

图7-25

图7-26

第七章 伸缩短棍组合套路

图7-27

图7-28

图7-29

图7-30

图7-31

图7-32

229

伸缩短棍实战技法

图7-33 　　　　　　　图7-34

四、抛接

手持短棍，手腕稍下沉再向上扬起，使棍头向上向内翻转360°，然后抓接短棍握柄，恢复持棍姿势（图7-35～图7-38）。

图7-35 　　　　　　　图7-36

图7-37 　　　　　　　　图7-38

五、滚腕

右手持棍，手腕内旋，棍体呈水平状，然后手腕由内向外快速旋腕，使棍体借助惯性在手掌上快速水平旋转360°，直至棍体滚动回原始位置时，迅速抓握短棍握柄，恢复持棍姿势（图7-39～图7-44）。

图7-39 　　　　　　　　图7-40

图7-41　　　　　　　　图7-42

图7-43　　　　　　　　图7-44

六、倒把

　　手持短棍，以手腕为中心，以拇指和食指为主抓牢棍体，腕关节和肘关节协同完成一次背花，当手腕到达胸前时，左手腕置于右手腕上方，掌心向上，右手持棍向上挥动交于左手，左手抓棍向下旋转270°，右手反手再次抓握短棍握柄，伴随向右转体将棍体向我右侧挥动，直至恢复到持棍姿势，再做一次外腕花（图7-45～图7-51）。

图7-45

图7-46

图7-47

图7-48

图7-49

图7-50

图7-51

第二节　伸缩短棍组合套路及实战应用

1. 格挡前戳

动作要领：在起势动作的基础上，向前滑步，左手臂

第七章　伸缩短棍组合套路

向上、向外抬起置于我头部左前侧；同时，右手持棍向正前方快速前伸，随即向后下方甩臂将短棍打开，形成攻击戒备姿势（图7-52～图7-54）。

图7-52

图7-53

图7-54

实战应用：双方对峙，当对方以右摆拳攻击我头部时，我向前滑步；同时，左手臂向上格挡，右手持棍向对方胸腹部戳击，使对方后退，拉开安全距离，然后向后下方开棍，形成攻击戒备姿势（图7-55～图7-58）。

图7-55

图7-56

图7-57

图7-58

2. 扫击戒备

动作要领： 接上动。向前上步；同时，右手持棍大幅度横向左右各挥动两次，然后将短棍架于肩部上方，握柄底端向前，恢复攻击戒备动作（图7-59～图7-65）。

图7-59

图7-60

图7-61

图7-62

伸缩短棍实战技法

图7-63　　　　图7-64　　　　图7-65

实战应用：当对方向我快速逼近时，我向前方快速、连续横向大幅度地左右扫击，迫使对方无法靠近，形成与危险目标之间的安全距离，动作完成后恢复成戒备姿势（图7-66～图7-70）。

图7-66

图7-67

238

第七章 伸缩短棍组合套路

图7-68

图7-69

图7-70

3. 正反劈击

动作要领：接上动。右脚向右前上步；同时，右手持棍向左前方实施劈击，左脚向前上步；同时，身体右转，反手向右前方实施劈击，接着再向右侧正下方实施劈击（左手始终置于我头部左前侧实施防护），最后将短棍竖直收回胸腹前，恢复单手防御戒备姿势（图7-71～图7-74）。

图7-71

图7-72

图7-73

图7-74

实战应用： 当对方以右摆拳攻击我头部时，我以攻为守，先以左手抓挡对方手臂，然后向左右闪身；同时，向对方身体两侧及攻击手臂实施连续劈击，使对方丧失攻击能力（图7-75～图7-77）。

图7-75

图7-76

图7-77

4. 挡格卷肘

动作要领：接上动。左脚向前上步；同时，我左臂及右手持棍上抬，将棍横向置于左前上方，随后右手持棍下压回拉，左手先向上，再向下然后协同右手水平回拉至我腹前（图7-78~图7-80）。

图7-78

图7-79

图7-80

第七章　伸缩短棍组合套路

实战应用： 当对方以右摆拳向我头部实施攻击时，我双手向上格挡，然后右手持棍拉压对方肘关节内侧，左手向上、向下推压对手前臂并配合右手将对方手臂下拉至我腹前，控制住对方右臂（图7-81~图7-83）。

图7-81

图7-82

图7-83

243

5. 截挡叉控

动作要领：接上动。双脚向前滑步；同时，右手持棍竖直向左前方推送，然后反手向右前方横插短棍，左手迅速抓握短棍另一端，双臂呈交叉状态，随即双手合力将短棍回拉至我腹前（图7-84～图7-87）。

图7-84

图7-85

图7-86

图7-87

第七章 伸缩短棍组合套路

实战应用：当对方以右摆拳向我头部实施攻击时，我双手向上格挡截击，然后右手反手将短棍挑插于对方颈部后方，左手快速抓握短棍一端，双手合力将短棍回拉至我腹前，对对方头部实施交叉锁控（图7-88～图7-91）

图7-88

图7-89

图7-90

图7-91

6. 戳踹劈击

动作要领：接上动。双手抓棍向前戳击，然后左脚向右脚后插步；同时，双手持短棍向正后方戳击，随即右腿向后方侧踹，右脚落地；同时，身体向右后转体，双手持棍由上向斜下劈击（图7-92～图7-95）。

图7-92

图7-93

图7-94

图7-95

第七章　伸缩短棍组合套路

实战应用：假如两人分别从前后攻击我时，我双手抓棍向前方戳击正前方的对方，然后左脚向后插步，身体右转，双手持棍戳击后方对手，接着以右腿踹击对方腹部，迅速右后转体；同时，向对方肩颈部实施劈击（图7-96～图7-99）。

图7-96

图7-97

图7-98

图7-99

7. 插肘别臂

动作要领：接上动。双脚向前滑步；同时，右手持棍向前插挑，左手快速抓握棍头端并协同右手先上推再向下拉拽，身体左转180°，将短棍拧压至胸腹前，两腿微屈，重心下潜（图7-100~图7-102）。

图7-100 　　　　　　　图7-101

图7-102

第七章　伸缩短棍组合套路

实战应用：右手持棍经对方腋下前插并上挑，左手快速抓握短棍棍头一端，向左后转体的同时，双手合力将对方手臂折控于对方背部，对对方形成控制(图7-103～图7-105）。

图7-103

图7-104

图7-105

249

8. 左右撩击

动作要领：接上动。身体右转；同时，以短棍末端领先，反手向上做弧线撩击，然后上左步实施正手撩击，两次撩击后，通过一次向外侧腕花绕棍将短棍竖直收回腹前，恢复戒备姿势（图7-106~图7-113）。

图7-106

图7-107

图7-108

图7-109

第七章 伸缩短棍组合套路

图7-110

图7-111

图7-112

图7-113

实战应用：主要用于应对背后突然的逼近和攻击，通过转身向前上方的多次正反撩击，使对方无法靠近，形成安全距离，并恢复戒备，为下一步的技术动作奠定基础（图7-114～图7-118）。

伸缩短棍实战技法

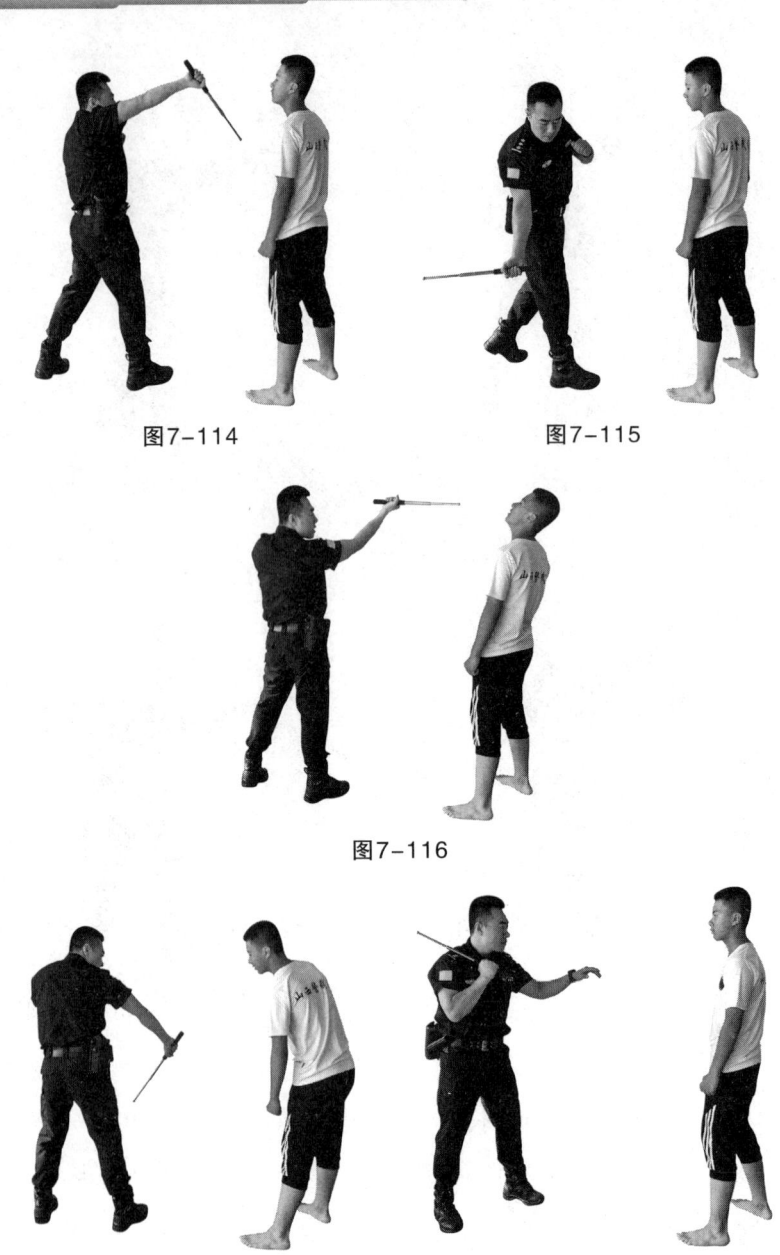

图7-114　　　　　　　　　　图7-115

图7-116

图7-117　　　　　　　　　图7-118

252

9. 戳盖劈横

动作要领： 接上动。向前滑步；同时，屈膝下蹲，重心下潜，双手抓棍前伸戳击；向左转体；同时，右手上抬以握柄端领先向前、向下实施盖击；身体右转，双手持棍由左上斜向右下劈击；上左步；同时，身体左转，右手领先将短棍握柄端横向推打至正前方（图7-119～图7-122）

图7-119

图7-120

图7-121

图7-122

实战应用：下潜躲闪对方的攻击后，使用组合动作，连续从正面、右上、左上、右侧向对方胸腹部、胸锁部、肩颈部、头部以戳击、盖击、劈击和横击技术实施击打（图7-123～图7-126）。

图7-123

图7-124

图7-125

图7-126

10. 架挡弹推

动作要领：接上动。双手持棍向上水平推举架挡，然后回收双手；同时，右腿起腿向前弹踢，右脚落地；同时，双手抓棍向正前方实施推击，最后恢复体前双手持棍戒备姿势（图7-127～图7-130）。

图7-127

图7-128

图7-129

图7-130

实战应用：当对方持械由上向下劈砍我头部时，我双手抓棍向上格挡，同时，向对方小腹部或者裆部实施踢击，然后双手持棍迅速向对方胸锁部位推击，将对方击退，与对方形成安全距离（图7-131～图7-133）。

图7-131

图7-132

图7-133

11. 缠头架扫

动作要领：接上动。双手抓棍向左前上方直臂推举架挡，然后右手持棍顺势经头部后方缠绕至右上方（左手置于头部左侧防护），最后右手向正前方扫击并竖直收回腹前，恢复戒备姿势（图7-134~图7-138）。

图7-134　　　　　图7-135

图7-136　　　　　图7-137　　　　　图7-138

伸缩短棍实战技法

实战应用：当对方持械向我斜向劈砍时，我双手抓棍向左上方格挡防御，然后左手顺势抓握对方攻击手臂或所持械具，右手持棍经头部后方向对方身体侧面实施扫击，将对方击退（图7-139~图7-141）。

图7-139

图7-140

图7-141

12. 挑膝别摔

动作要领：接上动。前滑步；同时，右手持棍由下向前上挑击，左手下按于我腹前，然后左脚在右脚后扣步并向左后转体180°（图7-142～图7-145）。

图7-142

图7-143

图7-144

图7-145

实战应用：当对方右鞭腿横向向我攻击时，我右手持棍由下而上挑插于对方膝关节下方，左手快速扳压对方小腿，然后左脚向左后扣步，配合身体向左后的转体动作双手合力别压对方小腿，将对方摔倒（图7-146～图7-148）。

图7-146

图7-147

图7-148

13. 收势

接上动。右手持棍向右侧做外腕花后贴靠于体侧，左脚向右脚靠拢，恢复立正姿势（图7-149～图7-152）。

图7-149

图7-150

图7-151

图7-152

图书在版编目（CIP）数据

伸缩短棍实战技法 / 赵华著. – 北京：人民体育出版社，2018
ISBN 978-7-5009-5290-9

Ⅰ. ①伸⋯ Ⅱ. ①赵⋯ Ⅲ. ①棍术（武术）–中国 Ⅳ. ①G852.25

中国版本图书馆CIP数据核字（2017）第298472号

*

人民体育出版社出版发行
三河兴达印务有限公司印刷
新 华 书 店 经 销

*

850×1168　32开本　8.75印张　175千字
2018年6月第1版　2018年6月第1次印刷
印数：1—5,000册

*

ISBN 978-7-5009-5290-9
定价：32.00元

社址：北京市东城区体育馆路8号（天坛公园东门）
电话：67151482（发行部）　　邮编：100061
传真：67151483　　　　　　　邮购：67118491
网址：www.sportspublish.cn

（购买本社图书，如遇有缺损页可与邮购部联系）